推进商业高质量发展的研究与思考

周京生 著

北京出版集团
北京出版社

图书在版编目（CIP）数据

推进商业高质量发展的研究与思考 / 周京生著.
—北京：北京出版社，2025.6. — ISBN 978-7-200-19378-7

Ⅰ．F722.9

中国国家版本馆CIP数据核字第2025WG7870号

推进商业高质量发展的研究与思考
TUIJIN SHANGYE GAO ZHILIANG FAZHAN DE YANJIU YU SIKAO

周京生　著

*

北 京 出 版 集 团　出版
北 京 出 版 社

（北京北三环中路6号）

邮政编码：100120

网　　址：www.bph.com.cn

北 京 出 版 集 团 总 发 行
新 华 书 店 经 销
北京天工印刷有限公司印刷

*

787毫米×1092毫米　32开本　7.25印张　106千字
2025年6月第1版　2025年6月第1次印刷
ISBN 978-7-200-19378-7
定价：30.00元
如有印装质量问题，由本社负责调换
质量监督电话：010-58572393
编辑部电话：010-58572389；发行部电话：010-58572371

前　言

　　资源的合理配置必须通过市场供求关系的平衡来加以体现。满足消费需求是生产的最终目的，而消费则是经济增长的核心驱动力，对市场供求关系的平衡起着至关重要的作用。市场经济是以消费需求为导向的，因此，市场上的生产、经营等经济活动必须围绕着消费需求来运行，不断地与消费需求相适应。

　　商业零售业是直接面对消费者，为满足消费需求服务的，因此其经营模式、经营内容必须与消费需求相适应。质言之，零售—物流（配送）—生产这一经济循环中相互衔接的各个环节、各类经济活动均以消费需求为导向，并在市场机制的作用下形成完整、科学的供应链，从而不断地与消费需求相适应。这样一来，生产和经营活动的效率、效益便会大大提高，供求关系趋于平衡，从而使经济发展能够走在科学、健康的高质量发展道路上。

本书之所以在开篇就对市场供给与需求、消费之间的关系进行比较深入的分析和论述，是因为商业具有连接供给与需求的桥梁纽带作用，商业经营要想不断地与消费需求相适应，就必须正确地认识、把握消费需求及其不断发展变化的规律。对供求关系及消费需求规律的理论研究，在商业经济学中应当具有基础性、根本性的地位，研究商业问题必须以研究消费需求为基础和前提。这一点，对科学的生产和商业经营模式（零售形态、供应链）的建立起着决定性的作用。消费需求形态的提出，也正是基于这一点。

当前世界的经济发展出现了巨大的动荡和不确定性，受此影响，我国经济发展也面临巨大的挑战和考验。党的二十大报告提出，要坚持以推动高质量发展为主题，把实施扩大内需战略同深化供给侧结构性改革有机结合起来，增强国内大循环内生动力和可靠性，提升国际循环质量和水平，加快建设现代化经济体系，着力提高全要素生产率，着力提升产业链供应链韧性和安全水平，着力推进城乡融合和区域协调发展，推动经济实现质的有效提升和量的合理增长。由此可见，加快建立全国统一的大市场，加强经济的内循环已是我国经济发展的必然趋势和基本要求。商业作为连接供给与需求的桥梁与纽带，在经济内循环中起着举足轻重的作用。在当前国际、国内经济发展的新形势下，如何充分发挥好商业在促进生产、满足消费需求中的作用就显得尤为重要了。

改革开放以来，我国各类商业企业的数量迅速增长、规模日趋扩大、经营模式日益多元，在经济发展中发挥了巨大的积极作用。与此同时，我们也要看到，一些商业企业的经营模式依然不太完善，特别是商业零售形态还不能充分适应消费需求的发展变化，这已经成为阻碍我国商业乃至整个经济发展的一大瓶颈。如果不能很好地突破这个瓶颈，商业就很难充分发挥其在促进生产、满足消费需求中的作用。笔者以为，商业企业必须正确地认识、把握消费需求及其不断发展变化的规律，并在此基础上建立和完善与消费需求相适应的经营模式。这是促进我国商业乃至经济高质量发展的基础和前提。

笔者长期从事商业经营管理工作，既做过售货员，也曾在商业企业和政府商业管理部门的领导岗位上任职，经历了我国从计划经济向社会主义市场经济转型的各个阶段。其间，笔者曾先后赴日本和欧美各国学习、考察商业的发展。在这个过程中，"业态"这一概念引起了笔者的极大兴趣和关注。此后，笔者对业态问题进行了长达30多年的研究。

在对业态理论及其实际应用进行长期研究的基础上，笔者提出了"消费需求形态"这一概念，并将其作为本书的主线和切入点，以便读者能够更好地认识和把握消费需求的规律、特点及其表现形式。消费需求形态是体现在消费者身上的需求形态，业态则是体现在商店上的不同经营形态，不同的商店也可称为不同的业态形式。消费需求形态的主体是消费者，而业态的主体则是商店。不同的业态形式必须与一定的消费需求形态相适应。从这个角度来说，对消费需求形态的理解和把握，就是对消费需求内在规律的认识和把握。消费需求形态的出现与形成，是传统商业向现代商业转变的主要标志之一。笔者认为，消费需求形态是认识和把握消费需求内在规律的一把金钥匙，也是商业经济的基础性理论。无论消费需求如何发展变化，都在消费需求形态的范畴之内。因此，只要我们认识和把握了消费需求形态，就能够认识和把握消费需求的内在规律，就能使商业企业的经营定位、经营模式与消费需求相适应，从而取得良好的效益。

在商业发展上，我们要学习和借鉴外国的有关经济理论，但不能照搬照抄。我们要从中国的国情出发，在深入研究、探索的基础上，加快建立和完善适合中国国情的、科学的商业经济理论体系。本书力图通过对消费需求形态以及与之相适应的商业模式的研究，提出推进我国商业高质量发展的思路与对策，并希望商业界同人能够对此进行广泛、深入的研究和讨论，从而丰富、发展、完善符合中国国情的商业经济理论体系，为实现我国商业乃至经济的高质量发展作出贡献。

在本书的写作过程中，笔者曾先后与北京工商大学、首都经济贸易大学、中国社会科学院、中国商业经济学会、北京农业职业学院的有关专家学者进行了较深入的沟通与交流，并得到了他们的指导和帮助。北京出版集团、北京出版社为本书的出版给予了大力支持和帮助，责任编辑张晨光同志认真、细致、负责的工作态度令我感动，在此一并表示衷心的感谢。

由于水平有限，书中不足、不妥之处在所难免，敬请广大读者批评指正。

周京生

2025年4月

目 录

第一章 市场经济条件下的供求与消费 ······················· 1
 一、供给与需求 ······························· 1
 二、供求与消费 ······························· 7
 三、消费需求形态 ····························· 14
 四、消费需求的新变化 ··························· 24

第二章 商业在经济发展中的地位和作用 ················· 29
 一、商业与服务业的关系 ························· 29
 二、商业在经济发展中的地位和作用 ··················· 33

第三章 基于消费需求形态的实体零售分类 ··············· 37
 一、以一般性、经常性需求为主导的零售消费
  需求形态 ································ 38
 二、以特殊性需求为主导的零售消费需求形态 ········· 60
 三、以奢侈性消费需求为主导的零售消费
  需求形态 ································ 64
 四、以复合型需求为主导的零售消费需求形态 ········· 70

第四章 商品流通发展现状及存在的主要问题 ········· 81
一、现代商品物流基本模式 ········· 81
二、城市（消费地）商品流通的主要问题 ········· 90

第五章 实体零售与电商的对比与融合 ········· 111
一、电商发展的环境与背景 ········· 111
二、电商与实体店的经营模式对比 ········· 113
三、关于线上与线下相互融合的问题 ········· 137
四、互联网大数据在商业中的运用 ········· 144

第六章 农村商业发展现状及主要问题 ········· 147
一、农副产品流通的发展现状 ········· 147
二、农村地区零售商业的发展现状及问题 ········· 153

第七章 拉动消费路径分析 ········· 155
一、影响消费的主要因素 ········· 155
二、增强商业经营能力的思考 ········· 164
三、营销问题 ········· 180
四、对当前市场中出现的一些新变化的
思考分析 ········· 186

第八章　推进商业高质量发展的对策建议……193

一、进一步加强对商业发展的重视和支持……193

二、加强对现代商业经济理论的研究推广……194

三、加快推进商业立法……195

四、加快农副产品产地的商品流通体制改革……197

五、加快建立和完善连锁配送制商品流通模式……201

六、加快实体零售业的改革与调整……204

七、加快推进农村地区零售商业的发展……212

八、加快电商政策的调整与完善……213

九、建立和完善市场信用体系，实行"黑名单"制度……214

十、关于线上与线下的融合……215

十一、加快推进商业体制改革……216

十二、加大政府对企业的帮扶力度和市场监管……217

第一章　市场经济条件下的供求与消费

如何使自然界有限的资源得到合理的配置，一直是经济学所要研究和解决的一个基本问题。资源配置问题在经济发展中，特别是在市场上反映出的问题，主要是解决市场供给与需求之间的平衡问题。追求、实现市场的供求平衡是经济理论研究和经济发展的基本目标和要求。

一、供给与需求

（一）资源的配置问题

自然界的资源是稀缺、有限的，而人类在生存与发展中产生的需求却是无限的。资源的有限性使得社会的各个利益群体都想占有更多的资源，获取更大的利益。因此，必须科学、合理地配置资源，从而使人类社会能够健康有序地发展。人类在生存与发展的过程中，会不断产生大量的需求，而在社会的发展过程中，及时满足人们不断发展变化的消费需求，实现市场供求平衡，不仅是社会经济健康有序运行和发展的主要标志，也是资源配置科学、合理的具体体现。如果供给与需求始终处于大致平衡的状态，社会的发展就是健康、有序的。反之，如果市场供求总是处于失衡状态，经济发展就会遭遇阻碍和挫折，进而引发政治、社会的诸多矛盾和问题，如通货膨胀、经济危机、贸易争端、社会动荡等。当今世界之所以发生激烈的竞争、争端，就是因为某些国家（集团）为了占有更多社会资源，获取更多利益，以使自己居于世界的统治（有利）地位，进而采取各种手段，攫取更多非法利益的结果。

（二）供给与需求的概念

1. 供给

所谓供给，是指在一定价格水平下，生产商可以为市场提供的商品或服务。在市场经济条件下，由于经济的快速发展，消费需求始终处于不断的发展、变化之中，而供给由于受自身因素的限制，往往会滞后于需求。

一般而言，影响供给的因素主要有以下几个方面。

一是价格因素。在市场经济条件下，价格杠杆调节供求关系。在价值规律和供求规律的影响下，供求关系的变化会引起价格的波动。反之，如果利用价格杠杆，也可以调节供求关系。

二是生产力水平，主要是指生产要素条件，如技术、人才、资源、资金、劳动力等。生产力水平是影响供给的决定性因素。在诸多生产要素中，无论哪个要素发生变化，都会或大或小，或直接或间接地影响供给，其中科技水平是核心、关键因素。"科学技术是第一生产力"，说的就是这个道理。

三是自然环境条件，主要是指影响农副产品的生产与供给的客观因素，如气候变化、地质灾害、自然灾害、疫情等。

四是商品流通的效率与成本。商品流通是生产（供给）的延伸与继续，是连接供给与需求的必然环节。在商品流通过程中，流通效率与流通成本对供给和需求两端都会产生重要影响。

五是体制、政策、规则、国际关系等外部条件的影响，如关税、汇率、贸易壁垒、武装冲突等。

2. 需求

所谓需求，是指消费者在一定价格水平下，对商品或服务的需要。本书中所说的"需求"，主要是指消费需求。

消费需求是维持人的生存的基本需求，具有主动性、活跃性和超前性。人的需求总是处在不断的发展和变化之中，因此，供给是为了适应和满足需求的，需求则对供给具有引导和拉动的积极作用。

从市场上来讲，需求可以划分为实现了的需求和未实现的需求。在商品购买力可行且商品供求基本平衡的情况下完成了消费，那么，这种消费就是实现了的需求。相反，由于供给的制约或购买力的因素而暂时未能实现的需求，则是未实现的需求，又称潜在需求。

（三）供给与需求的关系

按照经济学的原理，市场上生产出多少商品，就要发行与之相匹配的货币（考虑了价格、商品周转速度等因素），以实现商品与货币之间的均衡。如果货币的发行量与商品的生产量之间出现不均衡，则或者出现通货膨胀，物价上涨，或者出现一些商品的销售价格下跌。我们假设商品与货币在总量上是均衡的，商品代表供给，货币代表需求，但在现实中这两者之间是难以真正实现均衡的。因为在发行的货币总量中，由于种种原因，消费者手中的一部分货币，不愿意也没有消费，而是作为储蓄存入了银行。假如长期存入银行的货币占总货币量的20%，那么，投入市场消费的有效需求（货币）只有80%。同样，由于种种原因，有一部分商品与消费需求不相适应，卖不出去，假设这部分卖不出去的商品占商品生产总量的20%，则市场上的有效供给（商品）也只有80%，由此可知，有效供给与有效需求占总供给与总需求的比重越低，则经济运行与发展的质量就越低。因此，在经济发展中，必须着力解决好提高有效供给和有效需求在总供给与总需求之中的比重，使其最大限度地接近总供给与总需求，并使二者尽可能均衡。这样，经济的运行与发展就是健康的、可持续的。人的需求具有主动性、活跃性和超前性，而且总是处于不断的变化和发展中，因此，在供给与需求的关系中，需求是主动方，并对供给产生巨大的引导和拉动作用。与需求相比，供给是被动方。由于自身存在诸多制约性因素，供给往往处于被动地位，难以及时有效地适应和满足消费需求，使得供求关系难以平衡。供给要适应需求，就要不断地解决制约自身发展的各种问题，如新技术、资金、信息、生产、经营管理能力等，但这往往是一个复杂而漫长的过程。因此，供求平衡只能是相对的、暂时的，不平衡则是绝对的、常态的。换言之，市场的供过于求与供不应求始终是并存的。只有不断解决供给中存在的问题，释放供给自身的能量和活力，使其不断地创新发展，努力适应消费需求的发展和变化，不断为市场提供更多、更新、更优质的商品，才能更好地满足消费需求，使市场供求不断趋于平衡。市场经济是以消费需求为导向的，供给要与不断变化的消费需求相适应，就必须正确地认识和把握消费需求的内在规律，从而根据消费需求的变化及时调整，这样才能与消费需求不断地相适应而趋于平衡。

因此，我们可以对供给与需求的关系下一个这样的定论：

需求决定供给的发展方向、趋势和规模，对供给具有强大的引导和拉动作用，而供给决定需求的可实现程度，对需求的实现具有决定性的制约作用，两者是相互联系、相互依存、相互促进、相互制约的辩证关系。

二、供求与消费

（一）消费的界定

消费是社会再生产中的一个重要环节，同时也是最终环节。它是指利用社会产品来满足人们各种需要的过程。消费分为生产消费和个人消费，我们这里主要是指市场上的个人生活消费。消费在拉动经济发展中具有举足轻重的作用，因为只有生产出来的商品最终被消费掉，社会再生产才能不断地循环往复。影响消费的主要因素有以下几个方面。

1. **消费能力**

所谓消费能力，是指消费者可以用于消费的能力，主要与消费者的收入水平相关。它是影响消费的根本性、决定性因素。只有在具有一定的收入水平保障后,消费者才敢于消费、愿意消费。而收入水平的提高受经济发展水平、就业、税收、收入分配制度等多种因素的影响和制约。

2. 消费意愿

所谓消费意愿,是指在市场物价和消费者收入水平一定的情况下消费者倾向于消费的程度。影响消费意愿的主要有以下三个因素。

一是收入水平。一般来说,收入水平越高,消费意愿越强。

二是消费观念。有的人爱消费,有钱就享受;有的人爱存钱,银行有存款无后顾之忧,心里踏实。当然,这种心理也与社会保障的发展程度相关。

三是市场供给状况。尽管需求与消费密切相关,但二者并不是等同的。因此,我们经常可以看到这种状况:供给受自身制约因素的影响,不能及时、充分地提供市场有效供给,导致既无法适应和满足消费需求,使一些消费者的消费意愿难以实现,也使市场上经常出现一些商品滞销甚至完全卖不出去。

消费是国民经济循环的起点和终点,对经济发展起到基础性作用。全面提振消费，首先要补上消费短板，核心是扩大居民消费。我国居民消费率长期偏低，2010年后大体在35%～40%的区间波动，2023年居民消费率为39.6%，不仅大幅低于美国（68%）和欧盟（52%）的水平，也显著低于日本（55%）和韩国（48%）的水平。影响居民消费的因素较多，本书仅从市场供求关系与商业经营的角度来分析相关因素。

（二）市场供求与消费的关系

1. 供求关系对消费的影响

在计划经济时期，由于我国生产力落后，市场商品短缺，商品不愁卖，是卖方市场。在这一阶段，供给决定消费，同时，二者都受到生产力水平和市场条件的制约。改革开放特别是社会主义市场经济体制确立后，我国的生产力得到了快速发展，市场上的商品日渐丰富，逐步形成了买方市场。

随着市场经济的发展与变化，市场上有时会出现消费需求不足，市场不景气，一些商品供过于求的现象。面对这种新变化，我们在拉动消费以促进经济增长时，只有很好地研究并最大限度地适应市场上的消费需求及其变化，在拉动消费的方法上才会更有针对性。

我们经常说的一句话就是"要满足消费需求"。这里，我们要分别对消费与需求进行分析。消费与需求是紧密联系的，但是需求并不等于消费，消费是在需求的基础上产生的，是实现了的需求。当需求由于供给或购买能力等原因而未能实现时，则成为潜在需求，即未实现的需求。因此，我们在研究消费者的消费需求时，要注意思考和研究如何将潜在需求尽快转变为实现了的需求，即转化为消费。

2. 潜在需求

潜在需求就是未实现的需求，可细分为潜在存量需求和潜在增量需求。

所谓潜在存量需求，是指消费者有需求，有消费意愿，市场上也有适合的商品（即现货存量），但由于消费者自身消费能力不足而暂时不能立即购买。例如，一对新婚夫妇在购买住房时，为将来有孩子后做准备。他们有消费意愿，目标是一套两居室，但由于当时购买能力不足，不能一步到位，只能先购买一套一居室，等有了孩子并攒够了钱，再换成两居室。显然，在当前的市场上，两居室有现成的存量。当这对新婚夫妇购买一居室时，那套两居室就是他们下一步的潜在存量需求。一旦条件适合，这一潜在存量需求就能迅速转化为消费。又如，某消费者已经准备购买某高档商品了，但遇到突发情况，企业效益下滑，导致个人收入降低，因而只能推迟购买。于是，这一推迟的消费也转化为潜在存量需求。如何将这些潜在存量需求尽快转化为消费，主要取决于消费者的消费能力，即收入水平的提高。

所谓潜在增量需求，是指消费者有消费意愿，也有消费能力，但缺少适合其需要的商品，即市场有需求，但是有效供给不足。例如，某些高收入的消费者对奢侈品或畅销商品的需求量较大，但由于供应量有限，无法满足其消费需求，消费者只好选择持币待购。又如，市场对某些商品有需求，但由于商品质量水平、经营者经营能力等原因满足不了这些需求，也会抑制消费。这部分因商品不足而未能实现的消费需求，我们称为潜在增量需求。换而言之，就是市场上暂时没有适合消费者需要的现成商品。潜在增量需求如何尽快转化为消费，取决于商品经营者能否及时反馈市场供求信息，引导生产者不断改进、创新，扩大生产规模，并根据消费需求，高效地组织好商品流通，为市场不断增加新的有效供给，从而满足潜在增量需求。

由此可以看出，潜在存量需求是指有消费需求，也有适合的商品供给，但消费者当前的消费能力不足，即"商品在等消费"，而潜在增量需求是指消费者有消费意愿，也有消费能力，但缺乏适合需要的商品，即"消费在等商品"。因此，我们不仅要通过提高收入不断提高消费者的消费能力，更要在收入一定的常态化市场条件下发挥商业在促进生产、满足消费方面的积极作用，激发消费者的消费意愿，更好地去满足消费需求。

综上所述，消费能力与消费意愿的关系是：一般而言，消费能力是影响消费的根本性、决定性因素，而当消费者的消费水平不变时，消费意愿就成为影响消费的决定性因素。消费能力与消费意愿相互联系、相互促进、相互影响、相互制约。就是说，要在不断提高消费者消费能力的同时，充分发挥需求的引导、拉动作用，从而使供给自身的能量得到充分释放，以更快、更好地适应并满足需求，使需求不断地转化为消费。

3. 消费需求的属性问题

人的需求是在人的生理、欲望的基础上产生的，具有一定的自然属性。需要注意的是，基于人的自然属性而产生的一些需求，有时会与社会发展的目标、要求不一致，与公共利益不协调、不适应，甚至会导致矛盾和冲突。因此，评价市场上出现的新事物（新需求）时，不能仅看其是否有市场需求，以及其在发展过程中的数据，还要看其是否与公共利益相适应、相符合；不仅要看其经济效益，更要看其社会效益。当市场上出现的一些消费需求与公共利益产生矛盾时，政府就要通过法律、经济、行政等方法和手段来调整供求关系，尽可能地消除过度或不恰当的消费给社会带来的危害。例如，在大城市中，私家车由于发展过快，造成了交通拥堵、空气污染等"大城市病"，对社会公众利益造成损害。面对这种情况，政府就要出台有关政策法规，限制私家车的经营规模和出行时间，而不能以牺牲环境和公共利益为代价去追求经济的发展及满足一些人的需求。

总之,我们要客观、正确地认识需求的属性问题,因为需求并不都是上帝。只有这样,经济才能实现科学、健康、可持续、高质量的发展。只有正确地认识、理解消费与供求之间的关系和发展规律,才能有效地解决市场供求平衡问题。

三、消费需求形态

在计划经济条件下,由于商品匮乏,消费者的消费需求是受到抑制的(定量供应),只能是供应什么买什么,供应多少买多少,消费者基本上没有商品的选择权,因此这时市场上表现出的是有限制的供求平衡。这种相对静态的低水平平衡可以直观地看到,也是比较容易实现的。随着改革开放的不断深入和社会主义市场经济体制的确立,消费需求不断发展、变化,市场以消费需求为导向使生产得到快速发展,市场上的商品日益丰富,各类商业企业、各种商业模式不断涌现。由于多种经济成分、多种流通渠道、多种经营模式的出现,要想实现市场上的供需平衡，其复杂性和难度大大增强。因此，生产（供给）、商业的经营只有始终紧紧地围绕着消费需求并与消费需求不断相适应，才能努力实现市场供求的平衡，经济才能健康、稳定地发展。而要实现这一目的，就要正确地认识和把握消费需求的内在规律，这是商业经济理论研究的一个基础性、根本性的问题，也是如何建立科学、可持续发展的商业经营模式的关键所在。我们知道，在市场经济条件下，消费需求处于不断的发展和变化中，因此，供给如何才能与消费需求不断相适应，就成了关键问题中的关键。消费需求虽然总是处于发展变化之中，但是消费需求有其内在的、本质的规律。只要我们掌握了对消费需求的规律性认识，即主要矛盾解决了，其他问题也就迎刃而解了。而要解决这一问题，首先必须正确地认识和理解消费需求形态。

研究消费需求形态问题是正确认识和把握消费需求规律的理论基础。正确地认识和把握消费需求形态的概念和内涵，对深入研究商业经济理论，对指导和促进商业乃至国民经济的高质量发展都具有十分重要的作用和意义。

(一)消费需求形态的概念

当生产力水平低,经济发展缓慢,市场上的商品匮乏时,市场会按商品生产者提供商品的不同类别来对应确定商店不同的经营形式。例如,计划经济时期,粮食生产对应的零售形式是粮店,蔬菜生产对应的零售形式是菜店,等等。由于市场上的商品短缺,因此国民经济以生产为核心和主导。这种方式有利于政府的计划安排和管控。在计划经济条件下,生产(供给)决定商品流通和商店的经营模式、经营内容,消费从属于生产(供给),而商店卖什么、卖多少,消费者只能被动地接受,人们的消费是单一的、被动的。

当生产力快速发展、经济发展水平较高时,市场上的商品丰富,消费需求在不断发展变化并达到一定水平时,消费需求呈现出不同的形态,市场则会按消费需求的不同形态来确定商店的经营形态,从而与消费需求形态相适应。为满足不同的消费需求形态而设立并与之相适应的不同商店,则是不同的业态形式。消费需求形态的本质是反映不同形态的消费需求，而商店等业态形式则是适应不同消费需求形态的经营载体。如果商店（业态形式）的经营模式能不断适应消费需求形态，那么，这些商店（业态形式）就会取得良好的效益。

（二）消费需求形态的类型

从消费需求形态的概念中可以看出，消费需求形态是反映不同的消费需求并按照不同的消费需求形态来确定与之相适应的商店（业态形式）。

消费需求共有三种基本形态。消费者的消费需求无论如何变化，都离不开这三种基本形态，可称为三种基本消费需求形态。

1. 一般性、经常性消费需求

主要是指对购买频次高、单品价格（价值）较低，消费者消费的日常生活必需品，如对粮油、肉蛋、蔬菜、水果、家庭日用品等每日必需品的需求。与之相对应的业态形式主要是超市、便利店、快餐店等。一般性、经常性消费需求是消费者日常生活中最基本的需求，其特点是消费群体大，消费刚性强、弹性小，即人人需要、天天需要，消费需求相对稳定，可持续性强。基于我国当前大多数消费者的收入水平和消费状况，充分满足消费者这一最基本的消费需求，既能满足和拉动消费的基本盘，也能保障人民群众基本生活，维护人民群众基本利益，保持市场稳定、社会和谐。这也是我们党为人民服务这一根本宗旨在人民群众基本生活中的一个具体体现。当生产力快速发展，人们的消费水平不断提高时，一般性、经常性消费需求发展到一定程度后，会呈现出相对稳定的状态，在消费需求结构中所占的比重也会逐步降低，并从数量型消费向质量型消费转变。

2. **特殊性消费需求**

主要是指消费者基于自身的喜好、特质（如儿童、妇女、旅游者等）等因素而产生的对一些特殊商品的需求。与之相对应的业态形式是专业店，如文化用品店、体育用品店、儿童用品店、旅游商品店、家具店、五金店、礼品店等。这部分需求相对比较稳定，但受经济形势、社会环境的影响也会有起伏和波动。

3. **奢侈性消费需求**

主要是指消费者根据自身的收入状况，对那些价格比较高昂的商品的需求。与之相对应的业态形式是百货店、知名品牌专卖店。奢侈性消费需求与消费者的消费能力有很大关系，消费需求弹性较大，受消费者收入和经济环境的影响较大。当经济快速发展和消费需求发展、变化比较快的时期，奢侈性消费需求增长比较明显；反之，则会下降。值得注意的是，在经济下行、收入下降时，市场上也有一些中高收入的消费者消费较稳定，其奢侈性消费需求甚至不降反升。

以上三种消费需求形态是反映消费需求的内在基本规律。消费需求形态是在经济发展到一定水平后，与消费者的日常生活相依存的。一般性、经常性消费需求是消费者的日常基本需求。在经济社会发展中，必须首先保障、充分满足人民群众的这一基本需求，再根据市场的发展变化不断地满足消费者的特殊性消费需求和奢侈性消费需求。只要是有消费需求的领域，就会存在这三种基本消费需求形态。唯有正确地理解和把握消费需求形态的类型以及与之相对应的经营形态，才能正确地认识消费需求的内在基本规律。这是做好商业经营的基础和前提。

4. 复合型消费需求

随着经济的发展,特别是消费需求的发展和变化,消费者已不再仅仅是单一的消费需求,而是呈现多元化的消费需求。例如,在一定的时间、环境内实现多种消费需求,这是一种复合型消费需求形态,与之相适应的业态形式是购物中心。购物中心所体现的是以三种基本消费需求形态为基础,但却不是三种基本消费需求形态的简单相加,而是以三种基本消费需求形态为基础,在同一场所、同一时间内实现多元化的消费需求(多种消费需求形态)的一种复合型的新型消费需求形态。

通过上述分析,可以看出,当生产力落后、商品匮乏时,国家对商品和商店的经营形态实行计划管理,生产(供给)决定消费和经营形态,商业依赖、从属于生产(供给)。消费需求形态反映的是在生产力快速发展、商品丰富的背景下,市场按消费者需求的不同形态来确定商店的经营形态和经营的商品,商业从属于市场(消费需求)。消费需求形态的出现和应用,使市场从以生产供给为主导转变为以消费需求为主导。这是对计划经济体制下的商业经营模式的一种革命性的改变，是传统商业向现代商业转变的一个转折点和里程碑。

（三）如何正确地理解消费需求形态

消费需求在消费者身上呈现出不同的形态，其主体是消费者。表现在消费者身上的是三种基本消费需求形态，而与消费者的消费需求相对应、相适应的商店则是满足消费需求的经营载体，是业态形式。不同的业态形式对应不同的消费需求形态，消费需求形态是反映不同层次消费需求的一个基本的内在规律。业态形式反映的是与消费需求形态相适应的经营载体。通俗地讲，就是有什么样的消费需求形态，就要有与之相适应的业态形式。因此，商店不能简单地按大、中、小或高、中、低档来划分，而是应当按照如何与消费需求形态相适应来进行划分。改革开放以来，我国的商业企业以消费需求为中心，细分市场和选择目标顾客，准确进行市场定位，并千方百计地满足消费需求，根据消费需求的变化来调整商店的经营形态，进而引发了零售、物流以至生产的变革与调整。正确地认识和理解消费需求形态，并运用消费需求形态的原理来规范和指导商业企业的经营，会使商业企业的经营者对自身经营的商品和经营结构的定位、经营的方式方法与消费需求相适应。这一切对满足消费需求，提高商业企业整体经营管理水平、效益，实现商业高质量发展均有十分重要的意义。

消费需求形态反映的是消费者三个层次的基本消费需求。这是生产力发展到一定水平后的必然产物。消费需求形态是随着人们消费水平的不断提高而逐渐呈现出来的。消费需求形态一旦出现，便不会消失，而是会长期、稳定地存在。随着生产力的快速发展，人们生活水平的提高，消费需求不断发展变化，也会使消费需求形态与业态形式随之发生相应的变化。因此，商业企业就要不断地去适应新的消费需求。无论消费需求如何变化，也只是三种基本消费需求形态各自在消费者的消费需求中所占的比重、规模大小（即结构和量）的变化，以及不同消费需求形态之间的组合，而不是消费需求形态本质属性的变化。但商品和商店（业态形式）则会随着消费需求的变化，与消费需求形态相关联的属性会发生变化。例如，20世纪90年代，我国的百货店刚刚起步。当时人们的收入、消费水平较低,家用电器(如电视机、电冰箱等)对于消费者来说,还属于奢侈性消费需求的范畴,在百货店作为奢侈品经营,且在百货店的销售中占了较大的比重。进入21世纪后,随着我国经济的快速发展,消费者的消费水平得到了较快的提高,消费需求形态也随之发生了很大变化,但家用电器由于受当时科技、生产水平等原因的制约,尚无法随之快速实现升级换代,其品质、价格并没有发生大的变化。这时,家用电器的商品属性对于消费需求形态而言却发生了质的变化,从奢侈性消费需求转变为一般性、经常性消费需求,因此,家用电器便从百货店的奢侈性商品进入超市或专业店转变为一般性商品经营了。当消费需求发生变化时,消费需求形态及业态形式都会发生变化。因此,商业企业的经营者对消费需求形态要有一个正确的认识和把握,当消费需求发生变化时,要及时作出调整、改变,以便与消费需求形态相适应。如果不能及时调整或不按规律去调整,就很难达到预期。

消费需求形态的出现和应用,使市场从以供给为主导转变为以消费需求为主导,进而使商品流通发生了质的变化和飞跃。围绕着消费需求形态的商业零售、物流(配送)、生产等环节,在消费需求的引导和市场机制的作用下,会自然、顺畅地形成完整的供应链,使资源重新得到合理配置,使复杂的流通渠道变得更加清晰、简单,使分散化、碎片化的流通模式变为规模化、集约化的流通模式。由此可见,正确地理解、把握和运用消费需求形态原理,是科学地认识和把握消费需求规律、建立与消费需求相适应的商业经营模式的理论依据,也是发展新质生产力的重要内容。唯有如此,方能为商业高质量发展奠定坚实的基础。

多年来,笔者运用消费需求形态原理,在资源重新配置、商业设施建设、企业重组等方面,均取得了良好的效果。

四、消费需求的新变化

改革开放以来,我国的生产力得以快速发展,人民生活水平不断提高,市场的消费需求也在不断出现新的变化。正确地认识并把握这些发展变化,对我们认识消费需求规律的一般性、特殊性及其相互关系具有重要的意义。

1. 多元化

随着生产力的快速发展和人们生活水平的不断提高，消费者的消费需求已不是单一的而是多元的。消费需求的多元化趋势，使得消费需求形态的结构发生变化，消费需求中的特殊性需求和奢侈性需求不断增加，消费者的消费领域更加广泛，消费需求更加多元。特别是消费者需要在一定时间内能享受到更多的消费、服务。大型商业设施也不再是单一的购物或服务场所，而是融入了更多的购物、服务、文化、娱乐、健身、休闲等功能，使消费者在同一时间、同一场所内就能购买更多的商品和服务。消费需求从单一的消费需求形态不断向复合型消费需求形态转变。

2. 时尚化

随着经济和时代的发展，市场日益开放，人们的消费理念也发生了很大的变化。求新求变，新潮、时尚、流行已成为大多数消费者特别是年轻人的消费追求。近年来，在一些大中城市中发展的商业、服务业在经营中不断推出一些新的时尚产品，采用新的经营方式，并不断出现新的消费热点，概而言之，就是不断创新，追求时尚。当然，时尚并非年轻人的专利，因为不同的消费群体有不同的消费需求，也有不同的消费时尚。

3. 个性化

当生产力落后、人们消费水平较低时，市场上的消费需求特点是大众化、同质化。这种消费模式是生产低成本，消费低物价，生活低水平。随着生产力的发展和人们生活水平的不断提高，消费需求形态发生变化，消费者已不再只满足于一般性、经常性消费需求，而是不断追求更多的特殊性消费需求或奢侈性消费需求，以展示、炫耀、满足自身的个性化需求，体现自身的消费理念和消费价值。不同消费者之间的消费需求日益个性化，以至于私人定制的消费需求不断出现和增加。个性化主要体现在那些能够满足奢侈性消费需求和特殊性消费需求的商品（服务）方面，且会随着人们消费水平的不断提高而不断发展变化。

4. 差异性

随着人们生活水平的不断提高，消费观念、消费习惯的改变，不同的消费群体呈现出越来越大的差异性。例如，年轻消费群体追求时尚新潮，往往对知名品牌或奢侈品的消费意愿、需求比较旺盛。相比较而言，中老年消费群体生活稳定，需求的针对性、实用性较强，消费需求较理性，需要什么买什么。准确了解和把握差异性，对商店的经营定位和商品经营结构的确定具有十分重要的作用。但要注意的是，不同的消费群体除了有消费的差异性外，还有同一性。相应地，同一消费群体的消费需求既有同一性，也有差异性。这些差异和同一不仅与年龄有关，而且与收入水平、消费理念、消费习惯等因素有关，与消费需求形态紧密相关。可以说，不同的消费群体有差异性，也有同一性；同一消费群体中有同一性，也有差异性。因此，我们不能将不同消费群体的消费需求简单、机械地分开，而是要厘清不同消费需求之间的差异与联系。

5. 便利性

随着经济、社会的发展，人们的生活节奏日益加快,消费者在日常生活中开始追求省时省力、快捷方便。这一点,在年轻人中体现得尤为明显,而电商在满足这方面的消费需求时,具有比较大的经营优势。

6. 品质化

随着社会经济的发展,人们对商品(服务)的质量要求更高,对商品的品质要求更精致:吃的食品,要求更营养、更健康、更安全;穿着、使用的商品的原材料质地,要求更优良、更舒适、更绿色、更美观;商品制作工艺,要求更加精良;等等。

7. 选择性

随着社会经济的发展,人们对商品的品类要求更多、更加系列化,在品种的广度、深度上要求更高,甚至要求做到极致。

8. 实用性

传统消费品在使用过程中,经常存在不好用、不耐用等问题,给消费者的日常生活带来烦恼、不便。因此,商品的好用、实用、耐用,能够解决日常生活中的难题,已成为提升消费需求的一个重要方面。因此,我们应大力推动日用商品使用功能的不断创新、改进、优化、完善,以便更好地满足消费者的要求。

第二章　商业在经济发展中的地位和作用

商业（包括商品流通业、零售业）是生产的延续，是供给的不同环节。商业与消费的关系极为密切。从价值实现的角度而言，商品在未实现最终消费前，都属于供给的范畴。商品流通是供给的重要组成部分，而一旦商品流通受阻，其结果就是生产受挫，需求无法得到满足，市场供求难以平衡。因此，正确地认识和把握商业在经济发展中的地位和作用，对促进经济健康、快速、可持续发展有着十分重要的意义。

一、商业与服务业的关系

（一）商业的概念

商业是从事商品流通（买卖）的行业，是连接供给与需求的桥梁和纽带，其本质是通过商品的经营，来满足消费者不断发展变化的消费需求。商品的流通在进入零售环节之前，一般被称为批发（物流）。进入零售环节后，商品的流动则呈相对稳定、停滞的状态。但此时商品的流通并没有结束，而是将直接面对消费者。换句话说，就是只要没有被消费者买走，则商品就一直处于流通之中。因此，商业一般划分为批发（物流）和零售两个环节，而商品流通从严格意义上来讲，在消费者买到商品之前，都可以称为商品流通（包括批发和零售环节），但在商业实践中，商品流通一般特指批发（物流）环节。

（二）服务业的概念

服务业是指劳动者以自身劳动力（劳务）为标的，为他人提供服务的行业。同时，服务业又因提供劳务方式的不同，而形成不同的服务业形态。

传统服务业主要是提供体力劳动的服务业，如家政、餐饮、理发、修理等，主要是为消费者的日常生活服务。

随着经济、社会的不断发展，以提供脑力劳动为主的现代服务业得到了极大的发展，如咨询、设计、研发、法律、金融等。现代服务业除了为消费者的日常生活服务外，更多的是为经济、社会发展服务。现代服务业一般要借助先进的工具，如数字技术等来提高工作效率，完成工作任务。

（三）商业与服务业的关系

商业是从事商品买卖的行业。商品要经过流通才能进入消费。商品流通是有形的物流。虽然商品流通的过程也伴有服务的功能，但这个服务是直接为商品流通服务、间接为消费者服务的。因此，商业为消费者提供的是商品，商品的经营过程伴随着服务。

服务业是劳动者以自身的劳动力为消费者和集团提供服务的行业。劳动力本身具有商品的属性，但是其商品属性是无形的，而商业提供的商品是有形的。服务业靠提供劳动力为消费者提供直接的服务，而商业则为消费者提供其需要的商品。

随着经济的发展，商品流通在促进生产、满足消费中的作用越来越大。商品在流通过程中的效率与成本对市场供求平衡会产生十分重大的影响。在服务业中，劳动力的成本主要与劳动力自身的价值

（体力、脑力劳动能力）相关，而劳动力自身的流动（流通）成本很低，甚至可以忽略不计。例如，知道哪里需要劳动力后，劳动者乘坐交通工具（火车、飞机、公交车等）就可到达。因此，劳动力自身的流通成本主要是劳动力的出行费用。与此相反，商品不仅有其自身的生产成本，而且在流通过程中还要付出很高的成本，如进行必要的加工、包装、运输、储存，再加上商品的损耗等，而所有这些，都要付出相应的成本。

虽然商业与服务业具有相同的商品属性，相互之间的关联也非常紧密，但两者的运行主体、运行方式和运行规律不同，应当作为两个相对独立的产业来研究并推进其发展，而不能简单地将商业和服务业纳入一个经济概念或经济范畴之中。虽然现代产业中也有融研发、生产、流通、服务为一体的产业，如软件业等，但我们对服务业的定义不宜过于宽泛，而是应当将商业与服务业作为两个相对独立的行业来进行归类和管理。这对根据消费需求有针对性地制定商业和服务业的发展规划、政策等，有着重要的作用和意义。

二、商业在经济发展中的地位和作用

商业作为经济运行中连接供给与需求的桥梁和纽带，对调节、保障供给与需求之间的平衡，促进经济的健康稳定运行起着举足轻重的作用。

（一）促进生产健康、快速发展

改革开放以来，我国的商业得到了较大、较快的发展。根据国家统计局2025年1月17日发布的数据，我国社会消费品零售总额已从1978年的1558.6亿元跃升至2024年的487895亿元，市场供应总量和需求总量都发生了翻天覆地的变化。商品流通利用其了解、掌握市场信息的优势，能够及时向生产反馈市场供求信息，并通过与生产的各种合作方式，从而引导和拉动生产按照消费需求来合理组织安排，为市场不断地提供有效供给，从而促进生产的健康、快速发展。

（二）引导和满足消费需求

当经济快速发展时，在市场的供求关系中，供给由于自身存在的局限性（如资金、技术、信息等），往往滞后于需求，而消费需求则呈现出主动性、活跃性和超前性等特征，发挥着引领市场、拉动经济发展的作用。商业通过了解和把握消费需求的有效信息，能够与消费需求不断相适应，从而为市场及时组织、提供有效供给，满足消费需求，使需求能够尽快转化为消费。由于商业了解并掌握着大量的市场供求信息，因此能够对消费需求变化的趋势作出超前的预测和研判，从而起到引导消费需求的作用。这种引导作用是建立在科学地研究、分析和判断从而正确把握消费需求规律的基础上的，而非一种随意、主观的行为。

纵观历史，自工业化生产以来，特别是随着科技的飞速发展，商品的生产过程逐渐成为一个相对简单的过程。由于商品流通方式的多元化、竞争加剧，能否在商品从生产到消费的流通过程中提高流通效率、降低流通成本，已经成为能否赢得竞争的一大关键问题。由于商品流通的过程日益复杂，我们很难真正把握其规律。但是，无论科技如何发展，商品都必须通过适当的交通工具和一定的流通方式，一步步地从生产地流向消费地，从而完成相应的流通过程；无论商品流通方式如何变化，我们都必须以高效率、低成本（经济成本和社会成本）为原则。

因此要在充分认识、把握消费需求，以及与之相适应的商品流通规律的基础上，探索并建立一个被市场公认的、科学高效的商品流通经营模式。否则，任凭商品随意、无序流通，不仅难以提高流通效率，反而会大大提高商品流通成本，甚至扰乱市场流通秩序。

商品流通成本包括经济成本和社会成本。如果商业企业在经营中只是为了追求经济利益，对增加的社会成本没有引起足够重视的话，就会对资源等造成比较严重的浪费，甚至会严重扰乱市场秩序、破坏社会环境。

（三）新形势下的商业高质量发展

近些年来，国内外环境发生了巨大的变化，发展进程中出现了诸多新的矛盾和不确定因素。受此影响，我国的生产供给与消费市场也出现了许多新的变化。与此同时，市场上各类市场主体、各种经营模式层出不穷，市场商品流通方式、流通渠道也日益多样化、复杂化，发展中也遇到一些瓶颈性的问题，使我国经济既出现新的发展机遇，也面临巨大的挑战和考验。面对这种局面，商业如何充分发挥自身促进生产发展、满足消费需求的作用，抓住机遇、打通堵点，化解矛盾、创新发展，已成为推动经济健康、快速发展的至关重要的因素。面对党的二十大提出的经济高质量发展要求，商业要承担起促进经济健康快速发展的重任，必须率先实现自身的高质量发展。商业高质量发展的主要内容如下。

一是建立并运用科学、现代化的经营理论和理念，引领、指导商业的发展。

二是坚持以消费需求为导向，正确地认识和把握消费需求的本质、内在规律，并在此基础上建立并不断完善与之相适应的科学的商品流通、经营模式，根据消费需求的发展变化而不断进行相应的调整、变化、创新。

三是现代化商业经营模式能够合理配置、共享资源，形成科学、完整的供应链，效率高、成本低，兼顾经济效益和社会效益。

四是充分发挥商业连接供给与需求的桥梁和纽带作用，促进生产、经营不断为市场提供新的有效供给，不断满足人民日益增长的美好生活需要。

第三章　基于消费需求形态的实体零售分类

消费需求形态共有四种，各类实体零售商店可以划分为与消费需求形态相对应的业态形式：一是以一般性、经常性消费需求为主导的消费需求形态；二是以特殊性消费需求为主导的消费需求形态；三是以奢侈性消费需求为主导的消费需求形态；四是以前三种基本消费需求形态为基础的复合型消费需求形态。本章围绕这四种消费需求形态进行深入的研究探讨和论述，并对与之相对应的实体零售业态形式进行深入分析，从而探究实体零售的本质。

一、以一般性、经常性需求为主导的零售消费需求形态

以一般性、经常性消费需求为主导的消费需求形态，与之相对应的主要零售业态形式是超市、便利店、快餐店等。

（一）超市

1. 超市经营模式分析

超市是以经营生鲜、食品、日用品等为主的零售业态形式，主要是为了满足消费者的一般性、经常性消费需求，是满足人民群众基本生活需要的主要经营载体。超市经营的商品，其主要特点是购买频率高，单价较低，多为满足消费者日常消费需求的日常生活用品，基本上是消费者人人需要、天天需要的，如生鲜食品、常用的生活用品等。对于超市经营的商品，消费者需求较刚性，需求弹性小，消费数量相对比较稳定，销售经营一般不会大起大落，可持续性强。但当出现经济下行，消费者的收入降低时，超市的销售也会受到一定影响。因此，超市经营的商品也要根据消

费需求的变化进行动态调整。

超市的主要消费群体较为稳定。由于超市经营的商品是消费者的经常性需要，购买频次较高，消费者为了方便，一般都会选择就近购买。因此，超市的选址一般在居民区周边交通比较便利的地方。就近购买的习惯，决定了超市消费者的购买半径一般在2～3公里内（即15分钟商圈）。超市规模的大小取决于商圈内消费者的数量、构成和竞争对手的经营状况。

消费者在超市购物，一般具有一次购齐的习惯。超市的商品虽然购买频次较高，但大多数消费者的生活节奏较快，不可能天天去超市购买每天生活需要的商品，因此形成了一次购齐的购买习惯。一次购齐包括以下含义：

一是从时间上讲，由于当前的生活节奏加快，大多数消费者购买生活用品的时间有限，不可能天天去超市购物，因此去超市一般就要一次购买（齐）商品，从而满足几天的消费需要；

二是从商品需求的关联性上来讲，即将与吃、用等相关联的商品一次购齐，以满足日常生活的需要；

三是从消费对象上来讲，去超市的购买者，一般是将家庭所需的商品一次购齐。

对于一般性、经常性的消费品，其购买者（经济消费）与实际消费者（生活消费）往往并不一致。超市里的购物者只是家庭所有消费者的代表，购物者到超市大多会将家庭消费需要的商品一次购齐。

2. 超市的发展沿革

一是超市的单体规模逐渐大型化。超市在发展初期，大多以经营生鲜食品和一般日用品为主，经营面积一般在500~1000平方米。后来，一些超市的经营面积逐渐发展到了几千甚至上万平方米，成为综合性的大型超市（俗称大卖场）。超市逐渐大型化的主要原因在于，随着经济的发展，人们生活水平的不断提高，消费需求形态以及与之相适应的业态形式发生了变化。例如，百货店在我国刚刚发展起来时，消费者的收入还不太高，因此家用电器、家居用品等是百货店经营的主要商品，属于奢侈品的范畴。当经济快速发展，消费者的收入提高后，家用电器、家居用品等商品并没有随之升级换代，其质量、价格等均没有明显变化。于是，与消费者的收入提高相比，消费者对这类商品逐渐从奢侈性消费需求转变为一般性、经常性消费需求。因此，这类商品也就逐渐转移到超市或专业店销售，进而推动一些超市的商品经营种类从以经营生鲜食品、一般日用品为主，转变为生鲜食品、家居日用品、服装、家电等商品的综合性经营，使超市的单体规模逐步大型化。20世纪90年代末，国外特别是西方国家的大卖场纷纷登陆我国市场。

二是超市的组织规模不断扩大。由于超市的商品和经营具有同一性、可复制性，因此企业都采取统一采购、统一配送的连锁化经营模式。这种模式不仅有利于提高效率、降低成本，也有利于提高企业的知名度、美誉度和竞争力。因此，一些大型连锁企业的组织规模不断扩大，特别是跨区域经营的现象逐渐增多，甚至发展成为全国甚至国际性的大卖场。

3. 超市低成本运营的要素构成

与一般的零售店相比，超市的经营成本相对要低。一般而言，主要是以下几个方面的要素造成的。

一是超市经营的商品和经营方式具有同一性、可复制性，从而为连锁化的经营模式创造了必要条件。这也是超市可以低成本运营的基础性条件和因素。具体而言，连锁化经营的超市，经营的主要商品类别品种基本相同，超市内的布局也是大同小异，不同的只是超市的规模和少数商品以及不同地区的消费需求差异。因此，超市在新开店时就可以不断地复制，并为统一配送创造条件，这样就大大降低了开店的成本。

二是超市一般都采取连锁化经营，特别是实行买方物流，自身具有稳定且强大的供应链，实行统一的大批量采购、供货，交易规模大，且避免了不必要的流通环节，从而使交易、采购、物流的成本进一步降低。

三是超市所经营的商品大多实行连锁配送制。配送中心将超市经营所需的商品一次配齐并送达，从而减少了交易次数，增加了交易规模，使超市的进货成本降低。

四是根据消费者的购买习惯，消费者在超市一次购齐日常生活用品，因此一次购买的商品数量较大（客单价较高），交易规模较大，大进大出。这样一来，超市的经营成本和消费者的购物成本均可降低。

五是超市经营的各类商品都是按照消费需求进行组织，目标明确，商品的销售周转快，随进随卖，库存合理，一般不积压商品。如此一来，超市的财务成本大大降低。

六是超市采取自助式销售，极大地减少了劳动力，使人工成本大幅降低。

七是超市的经营关系国计民生，政府一般也给予一些优惠政策的扶持，也使成本有所降低。

需要注意的是，目前市场上特别是一些中小型非连锁经营的超市经营不够规范，难以显示出上述经营的优势，若能做到规范经营，不仅可以使消费者的日常基本生活需求得到充分满足和保障，而且可以使超市的经营成本降低，效益大大提高。

超市是社区商业中最基本、最重要的业态形式，是人民群众人人需要、天天需要的日常生活保障的经营载体，在满足消费者日常生活需要中的作用具有唯一性。可以这样说，超市在满足和保障人民群众日常生活、保持社会稳定中发挥的作用，是其他任何业态形式都不能替代的。特别是在应对社会突发公共事件（如疫情、自然灾害等）时，超市具有非常突出的优势。新冠疫情暴发以来的客观实践，已经非常充分地证明了这一点。以超市为主体的连锁配送经营模式，极大地保障了人民群众的日常生活需要，使他们每天都能拥有物美价廉的购物体验，每一天都能拥有舒适文明的生活体验，从而提高了他们的生活水准和满足感、幸福感。这一点看似平常，其实非常重要，因为人民群众日常生活的满足感、幸福感，是市场稳定、社会和谐的基础。

超市有利于发展以内循环为主的经济模式，促进全国统一大市场的建立和发展。在经济运行中加强内循环，将使国内商品流通的规模和频次都大大提高，而商品流通的效率与成本则是经济运行效果的关键因素。以超市为主要载体，通过连锁配送，可以使资源有效地利用、共享，极大地提高商品物流的效率，降低物流成本。建立和完善商品完整的供应链，可使市场上的商品流通更加顺畅、稳定、有序。将超市和与之相适应配套的物流、配送设施共同建立并完善起来的供应链体系，在商品流通中具有强大的竞争力，对推动经济的快速、健康、高质量发展有着十分重要的作用。

超市在保障人民群众日常生活中所发挥的作用是其他任何一种业态形式都不能替代的。当遇到突发事件时，各生产、物流企业的生活必需品都可以通过配送中心送至超市，加之超市区域性供应的特点，就可以避免在特殊时期应对不及时的问题。政府可以此为抓手，通过对物流、配送设施和超市的调控，就能有效地保障供应，稳定市场。

因此，要将超市以及与之相适应的物流、配送设施，规划、建设、经营、管理好，以切实筑牢满足人民群众基本生活需要和保障市场稳定的基础。超市以及与之相适应的物流、配送设施共同建立起来的供应链体系的建设和完善，对满足人民群众日常生活需要、保障市场稳定、促进经济健康发展具有重大的现实意义，我们应当将其放在国家战略的高度加快建设和完善。这是一项十分重要且紧迫的任务。

4. 超市在发展中存在的主要问题

随着经济的快速发展，人们生活水平的提高，消费需求形态也随之发生变化，使超市经历了一个经营规模不断大型化的发展过程。从目前的发展现状看，超市也出现了一些影响其经营和发展的问题。

（1）超市大型化后带来的问题

超市不断扩大经营规模，却逐渐与消费者的消费需求变化和购买习惯不相适应。超市大型化后增加的商品虽然也属于一般性需求，但却不是经常性需求，购买频率并不是很高。如家用电器、家居用品、服装等。这些商品占用的营业面积较大，特别是那些租赁场地经营的超市，成本上升幅度较大。同时，由于卖场过大，消费者在挑选、购买商品和结算时都不够方便，致使一些大型超市经营成本上升，顾客减少，效益下降。

超市大型化后，超市经营的商品品类增加较多，但每个品类的品种数量却不多，特别是一些选择性较强的商品大多全而不专，选择性差，导致顾客流失，效益下降。

超市大型化后，一些商品的营销手段难以有效施展和发挥，销售、服务功能减弱。一些商品在销售过程中的展示性功能消失，缺乏体验感，影响销售。如床上用品在百货店经营时，由于经营场地比较宽阔，被褥、床单、窗帘等商品都可以挂出、展示销售，使消费者对商品一目了然，体验感很强，十分有利于消费者的选择和商家的销售。而在超市，这些商品基本上都是置于包装内，放在货架上销售，消费者不能直观地看到商品，缺乏体验感。消费者的消费是富有感性的，如果商品缺乏体验感，对经营和销售的影响是很大的。

超市大型化后，除了选择性较差外，有些商品无法实行统一配送、连锁经营，难以建立完整的供应链。一些大型超市单店经营或出租摊位，其物流、经营成本不断上升，超市经营的整体形象也受到影响。

由于面积规模扩大，超市大多采取分楼层经营，而一些大型超市将购买频率较低的商品（如电器、服装等）布局在首层，理由是消费者去购买消费频率高的商品（如生鲜食品等）时，必经首层，这样可以使消费者了解并连带增加一些商品的消费。这种方式有一定道理，也会产生一些连带消费，但随着消费需求的变化，消费者感到需要经常购买消费频率高的商品不方便了，而且购买频率低的商品没有单独的购物结算出口，也给购买此类商品的消费者在结算时带来了不便，随着竞争的不断加剧，便会导致一些消费者流失。虽然连带消费可能会增加一些销售，但由于购买不方便而导致消费者流失的销售可能要大于连带增加的销售，反而得不偿失。因此，商家应当结合商圈内消费状况的实际，认真思考、调研，不要丢了西瓜捡芝麻。按消费者购买的习惯和商业经营的一般规则，应当将消费者光顾最频繁、购买频率最高的商品，布局在消费者购买较方便、容易到达的地方，一般指首层或进出较方便处。而购买频率低的商品，放在其他层，消费者偶尔光顾一下，并不会感到不方便。这样布局，消费者会认为店家在为消费者着想，会增加消费者对超市的信任感和消费黏度。

　　超市的商品购买特点是一次购齐，但蔬菜由于不宜储存保鲜，因此难以与其他商品那样一次较大量的购买，需要每天或者经常地补充购买，但补充购买单一的蔬菜一般数量较少，加上有些家庭消费者不经常在家做饭，只是偶尔少量购买一些生鲜食品——这些消费者购买少量的生鲜商品，如去大型超市的话，一般要走较远的路（10～15分钟）。超市卖场较大，购买少量商品，在购买和结算过程中都会很不方便，因此需要一种能够弥补综合超市这种不足，解决消费需求中补充、即时、少量购买的业态形式。这种业态形式需求数量较大，但一般客单价较低，因此，与之相适应的业态形式，即100平方米以下的小型生鲜店应在社区加快布局，满足消费者出门即可购买的需求（3～5分钟商圈）。这种小型生鲜超市不需装修，经营设备简单，经营的商品实行统一配送，当日送货当日售完，商品既保持新鲜，又不占压库存且购买便利，因此在南方一些城市推出后，很受消费者欢迎，但总体而言，其发展的规模、速度尚不能满足消费需求。目前主要是电商通过闪送在满足这一类消费需求，但由于闪送的客单价较低，送货上门的成本要远远高于在生鲜超市购买的成本，从而使电商闪送生鲜的经营模式难以持续。在满足消费者便利性的需求方面，生鲜食品的半成品化、成品化等将是一种发展的趋势，在经营中应积极地探索和尝试。

虽然超市经营的商品在消费者中具有同一性，但由于不同地区消费需求有一定差异，因此，在某些商品的需求上也有所差异。一些超市只重视商品消费的同一性，而忽略了不同地区、不同消费需求在局部上的差异性，在商品的选择和经营方式上千篇一律，不仅影响了销售，也难以充分满足消费需求。有的超市提出"千店千面"就是因为注意到了不同地域的超市在商品经营上存在一些差异。

有些连锁企业盲目扩大发展企业数量和组织规模，特别是大幅度跨区域发展，使得经营和管理的难度不断加大。如果连锁企业的数量过多、组织规模过大，反而使配送效率降低，管理难度加大，经营成本上升。一旦增加新的配送系统，会对企业的资金、管理能力提出新的、更高的要求，一旦管理能力跟不上，经营的效率和效益都会受到影响。

超市大型化后，一些地区适合消费者需要的中小型综合超市数量不足，分布不均衡，给一些地区的消费者生活带来不便。因此超市网点规模、数量仍需根据消费需求的状况不断增加、调整，以更好地满足消费需求。

现有的一些商店在经营结构、商品结构等方面与消费需求不太适应，效益较差，以致一些商业设施的经营难以为继，甚至出现店铺空置或利用率不高的现象。

超市是社区商业中最基本、最重要的经营形式，关系到人民群众的基本生活需要，因而也关系到社会的和谐与稳定。超市经营的比较利益较低，在市场竞争中往往处于不利的地位，加之经营超市的房租等成本不断上升，从而影响了一些超市的效益和经营积极性。长期的实践表明，超市经营的特殊属性使其具有公益性，应给予特殊的政策支持。

5. 菜市场与超市的关系

菜市场主要是从集贸市场发展起来的，起初是农民将自己生产的产品拿到集贸市场自产自销，由于商品新鲜，成本低，价格便宜，很受消费者欢迎，后逐步发展到城市里，形成农贸市场或菜市场，但大部分商品已不是生产者自产自销，而是出现了小商贩。随着商品流通的分工与发展，菜市场基本上不是从产地直接上货，而是从农贸批发市场进货，因此成本、价格都有所提高。菜市场主要经营的商品是水产品、肉类、蔬菜、水果等生鲜食品和副食品。严格来讲，菜市场属于生鲜食品专业市场，按业态形式的分类应属专业店的范畴。菜市场的商圈较超市要大，经营设施条件简易，经营成本、价格相对较低，加上菜市场经营的生鲜食品新鲜度比较高，仍然很受消费者特别是中老年消费者的欢迎。因此，菜市场对满足城市消费者日常生活需要起到了十分积极的作用。

菜市场与超市分属不同的业态形式，两者既竞争又互补。按照消费、购买习惯，消费者在菜市场主要是相对比较单一的定向购买（如买菜、买肉），而消费者在超市则是将日常生活用品一次购齐。随着经济和城市的发展，菜市场不能像超市那样在居民区附近布局，而且场地占用面积较大，设施简易，环境较差，以及一些商品质量等问题，与现代化城市的管理要求越来越不相适应。因此，菜市场只能设在远离居民区的地方，但远离居民区后，消费者购买又不方便了。由于经济结构调整，农产品生产地已远离城市，菜市场的水果、蔬菜也大多从农贸批发市场进货，成本优势逐步减弱。因此，菜市场在大城市，特别是在主要城区的数量逐渐减少，甚至将会出局。

需要明确的是，菜市场在大城市的郊区和中小城市仍然有市场，应根据经济发展和消费需求的变化，不断完善经营、服务功能，加快环境改造升级，加强商品质量监管，不断提高经营管理水平。

（二）仓储式会员制超市

仓储式会员制超市（以下简称仓储店）起源于欧洲，是国外特别是西方国家比较盛行的一种超市经营模式。仓储店的单体规模较大，一般在6000平方米以上，有的达到1万平方米以上。虽然仓储店的经营面积较大，但经营的品类在经过精选后，往往少于一般的综合超市，仍是以生鲜、食品、日用品为主。

1. 仓储店的经营特征

（1）消费需求形态选择

西方国家特别是一些发达国家的消费者以中产阶层为主，消费水平较高。因此，从消费需求形态上来看，仓储超市在消费水平较高的发达国家是一般性、经常性消费需求，但在其他多数国家应属于特殊性消费需求，因为仓储店的定位是中产阶层的部分消费群体，而不是大众消费群体。西方发达国家的住宅密度小，配套的商店密度也较小，仓储店大多建在郊区，但交通、停车都比较便利，土地成本较低，装修简易，消费者一般都是驱车前往购物。20世纪90年代仓储店引入国内后，其原本对应的消费群体与我国当时消费群体在消费水平，以及消费的理念、方式、习惯上都有较大差异。因此，从消费需求形态上看，仓储店进入国内后，属特殊性消费需求，应属于专业店范畴，其定位是服务以中产阶层为主的消费群体，但当时在国内收入较高的中产阶层的规模消费群体尚未形成，没有足够的消费者与之相匹配，因此，当时仓储店的效益普遍难以达到预期。市场上称仓储店在中国水土不服，其主要原因就在于此，即仓储店与我国当时的消费需求形态不太适应。国内居民住宅建设、配套商店较密集，购物相对较方便，加上消费水平和消费习惯的差异，我国一次性大批量购买商品的消费者并不多。

（2）采用会员制为主要盈利模式

仓储店一般精选大类中的一些新颖、畅销、优质的商品，以较低廉的价格及特色的服务吸引消费者，并以收取会员费的方式直接形成企业经营利润，这是仓储店的主要盈利模式。这种经营模式要在竞争中站住脚跟并能持续发展，必须有自己强大、完整的商品供应链，以降低经营成本，形成价格优势，并以高质量的管理和服务在市场上享有较高的企业知名度、美誉度来吸引会员。仓储店的经营者会根据会员费收取的数额（会员卡复购率）来确定其运营、销售，特别是价格的策略和方法。

（3）消费需求上的差异

仓储店在进入国内后在商品的筛选上仍保留了西方的消费习惯和口味，与中国消费者的消费习惯和商品选择有较大的差异。例如，仓储店销售面包、蛋糕、饼干等烘焙食品，而国内的综合超市比较注重制作馒头、烧饼、面条的主食厨房；仓储店经营的基本上都是包装化商品，而国内的超市许多商品是散装出售，如蔬菜、鱼肉等。这也是一些国外仓储店进入我国市场后水土不服、业绩不佳的原因之一。一些仓储店也曾试图将国外与国内不同的经营模式和消费习惯进行融合，但由于它们缺乏对中国国情和国内消费者的消费水平和消费习惯的了解，在经营模式上未能找到与国内消费者相适应的有效方法。

在西方发达国家，消费者喜欢批量购买（不拆零），且比较适应冷藏食品，因此，国外仓储店这种经营形态与其比较适应。在仓储店由于消费者大多整件批量购买商品，商品周转快，也使销售过程中免去了拆箱、摆放、陈列商品等环节，而且零售卖场与仓库一体，减少了仓库的占用面积，这些都使其经营成本可以大大降低。

（4）超强的采购、配送能力

仓储店采取由总部统一采购、统一配送的经营模式，由于采购商品的规模、数量大，加上企业的信誉好、知名度高，因而企业的议价能力强，采购进货成本低，在经营和竞争上占有优势。另外，在仓储店周边的一些小餐馆、咖啡馆、酒馆、小商店、企业自办的内部食堂等，自身经营使用的原材料需求量不大，且采购及物流、配送都不方便、不经济，因此，仓储店还有很强的对周边附近小店铺、食堂等的批发、配送功能。

2. **仓储店的发展前景**

最近有个别新进入国内的仓储店又重新出现火爆的现象，吸引了不少消费者。业界惊呼："没想到！为什么会这样呢？"其实，仓储店重新崛起是有坚实的基础的。

一是有的仓储店进入我国后，对经营模式进行了调整，已不仅是单一购物，而是逐步在向多元化的经营模式转变，不断与消费需求的变化相适应，加上其已有的强大的供应链和信誉度吸引了不少消费者。但是，仓储店核心的经营模式并不会有大的调整和改变。按消费需求形态的分类，仓储店与社区超市分属不同的消费需求形态，仓储店不能按社区超市的选址、规模和经营方式布局。

二是仓储店主要面对的是收入较高的中产阶层。仓储店刚进入国内时，由于我国的经济发展水平还较低，消费者收入水平普遍不高，收入水平较高的中产阶层消费群体尚未形成，而仓储店的经营定位是中产阶层，因此与消费需求不匹配、不适应，这就是仓储店刚进入我国时效益普遍不佳的主要原因。随着我国经济的快速发展，消费者收入不断提高，收入较高的中产阶层消费群体已经基本形成，仓储店的经营定位与消费需求逐渐相适应了，效益就上来了，这就是外资仓储超市重新火起来了的主要原因。此外，仓储店的市场营销能力较强，当市场环境、条件具备时，它们是不会放过经营机会的。

目前，国内仓储店离具备上述主、客观条件还有一定差距，且对消费需求形态转型的规律和适应的消费群体尚需正确的认识和把握；与知名的外资仓储店的经营水平，特别是在商品供应链，企业的知名度、美誉度等方面尚有差距；批发、配送的功能尚不完善。因此，我国目前尚不具备大规模布局仓储店的条件，仓储店也不是大卖场转型的必然或理想模式。因此，仓储店在我国目前还不能成为主流的经营模式。随着经济的发展、消费需求的变化，仓储店可能会有进一步发展，但也需认真研判，稳步推进。

（三）便利店

便利店与超市同属一般性、经常性消费需求，是同一种消费需求形态中的不同业态形式。便利店经营的商品一般在超市里都有销售，只是将其中满足即时、应急消费的商品，以便利店的业态形式来经营。便利店经营的商品主要是食品、饮料、简易快餐，以及简单的日用品等，消费对象以生活节奏比较快的中青年消费者为主。便利店的选址一般在街边路口、写字楼、医院、学校等人流相对较大的地方。不同环境、不同条件下的便利店，在商品的经营上也有所差异，不能简单地保持一致。如便利店一般不经营水果，但在医院中就应例外，应方便、满足来医院探视的消费者的需要。如在学校学生集中生活区的便利店更像是学生的生活超市，其与便利店属同一消费需求形态，它们之间的不同不是大小之分，而是需求特点不同，消费需求有差异，应注意商品结构的调整，以适应消费需求。便利店与生鲜不兼容，如出现生鲜的需求，则应调整业态形式。

餐饮业中的家常菜馆、快餐店等基本属于一般性、经常性消费需求，选址大多在区域性商业街、社区、写字楼等地段，与超市、便利店等相邻，相互形成连带消费。

二、以特殊性需求为主导的零售消费需求形态

特殊性需求对应的零售业态形式是专业店，专业店有以下几个特点。

（1）特殊的爱好

这种需求不是人人需要，只是部分消费者因自身爱好而产生的需求。一般来说，专业店就是为满足这部分消费者的特殊需求而开办的商店。如一些消费者爱好音乐，需要乐器，乐器商店就是满足他们这一需求的专业商店。体育用品商店就是满足消费者对体育爱好的专业店。餐饮业中的涮羊肉就属于餐饮专业店，是饮食风味中的特殊喜好。

（2）特殊消费群体

专业店是为特殊消费群体开办的购物场所，如儿童用品商店、妇女用品商店等。近年来，随着旅游行业的发展，大量针对旅游消费者开办的旅游商

品店随之兴起，如日本的药妆店、北京的老字号商店等。有些专门经营水果或生鲜的店自称水果超市、生鲜超市，严格地讲这样的店不属于超市，应归类为食品（生鲜）专业店，因为其消费对象是有特殊需求的消费群体。超市与专业店两者的消费需求特点不同，消费群体也不同。超市注重的是大众化的一般性、经常性消费需求，而食品专业店注重的是"上档次"的消费需求，如更好的品质、更好的外在包装等。专业店与超市属不同的业态形式，因此，各自的商圈不同，开店的经营定位、选址、经营规模、商品结构等均不同。超市一般选址在社区，可以说有社区就有超市。而食品专业店的选址一般在消费水平较高的高档社区及客流量较大的繁华地段，且不能有超市那样的布局密度。前面提到的仓储店因其面对的是中产阶层这一特殊消费群体，所以属于特殊性需求，其业态形式也为专业店。

（3）特殊需要的商品

消费者对某些商品的选择性较强，对商品品种的广度、深度要求比较高，如家具、图书、建材、礼品等。这类专业店对商品的品类和品种要求十分齐全，以便消费者有充分选择的余地。

（一）专业店的经营特征

一是经营的商品大多属于一般性需求，但不是经常性需求，消费者购买频次不是很高，消费相对较稳定。

二是一般选址在城市中心和各区域的一些商业街区和购物中心内，各类专业店相连，形成不同规模的商业街。专业店的单体规模根据商圈、选址位置、经营的商品品类等因素，可达几十平方米、几百平方米，甚至上千平方米。

三是选择性强。消费者对商品品类和品种的广度、深度要求比较高，即品类和品种比较齐全，甚至达到极致。在国外，各种地方特色的商品，按照使用功能，形成不同规模的专业店，集使用、旅游纪念、礼品于一体，颇受消费者欢迎。例如，笔者曾在欧洲一个国家的某小城镇上看到一个经营杯子的专业店，店内各种材质、各种颜色、各种形状、各种功能的杯子琳琅满目，加上可以现场制作，令人叹为观止，非常刺激消费者的消费意愿和购买欲望。要注意将商品的实用性（能用）、使用性（好用）和愉悦性（喜欢用，如礼品化的包装设计等）有效融合，这会更加适应消费者的消费需求，从而大大提高商品经营的效益。

（二）专业店存在的主要问题

一是经营和发展水平与发达国家相比尚有不小差距，特别是对特殊性消费需求的了解认识和研究不足。随着经济的发展和人们消费水平的不断提高，特殊性需求市场尚有很大的发展空间，等待着我们去开发、拓展。

二是数量不足，专业性不强。由于一些经营者对消费需求形态的分类认识不清，许多适合专业店销售的商品放在了超市里经营，商品的针对性不够，对消费者的吸引力不强，导致专业店和超市整体经营效益都不好。

三是选址不当。专业店的商圈较大，选址时不仅要考虑周边较固定的消费群体，还要考虑一定的流动性消费群体。有的店缺乏这样的考虑，导致经营失败。因此专业店选址一般应在各类商业街或购物中心内，与大型商业设施或各类专业店相邻，这有助于产生连带消费，而在社区设店则应慎重。

四是经营商品的广度和深度都不够，即品类和品种都达不到齐全甚至极致，如许多专业店，一些主要商品的品类齐全，但品种不够齐全，特别是缺乏一些小品种。这样不仅使消费者很不方便，也使经营者失去了一些销售机遇。另外，商家和生产厂家对特殊性需求的商品在设计开发方面缺乏深入的思考和创造力、想象力，其产品难以吸引和满足消费者日益增长和变化的消费需求。

三、以奢侈性消费需求为主导的零售消费需求形态

奢侈性消费需求属于消费者的高层次需求。消费者根据自身的收入状况，不同程度地存在奢侈性消费需求。这种消费需求对应的业态形式是百货店、知名品牌专卖店，一般建在繁华的商业街。消费特点为：购买频次不是很高，商品单价及客单价较高。消费需求弹性较大，受经济形势、消费者收入状况的变化影响，消费需求起伏波动较大。但一般来说，导致奢侈性消费需求起伏较大的，主要是那些收入相对较低的中低层次消费者的奢侈性消费需求。

（一）百货店的经营特征

百货店是经营奢侈性商品的主要业态形式。我国的百货店从20世纪90年代起步，经历了近20年的高速发展达到鼎盛后逐步进入衰退。近年来，百货店的效益持续下滑，其主要原因有以下几个方面。

一是经营结构与消费需求的变化不相适应了。百货店的单体规模较大，随着消费需求的发展变化，其单一购物功能的经营模式已不适应消费者多元化的消费需求，亟待调整。早在20世纪90年代，一些发达国家的百货店就已经向多种消费需求形态、多元化消费的购物中心转变了。

二是商品结构日趋老化，商品更新换代慢。百货店经营的商品同质化严重且更新换代慢，缺乏新的有效供给，难以激发消费意愿从而拉动消费，难以满足消费者不断变化的消费需求，使市场潜在增量需求难以尽快转化为消费。一些常年一成不变的商品（即使是名牌产品），使消费者因缺乏新鲜感而提不起消费兴趣，难以提高消费意愿，从而使百货店效益下降。

三是百货店经历了两个"空心化"过程，带来消费者和商品种类的流失。随着城市的发展与建设改造，大量人口搬迁后离开城市中心区，加上周边地区商业设施的快速发展，竞争加剧，消费者分流，使城市中心区的消费人口大量减少，呈现消费人口的"空心化"，导致百货店的消费者流失；随着经济发展，人们消费水平提高，使消费需求形态发生变化。百货店的部分商品从奢侈性消费需求转变为一般性需求而转移到超市或专业店经营，如大小家用电器、家居用品等，使百货店商品经营的种类大量流失而出现商品的"空心化"。商品的种类减少，导致百货店营业收入大幅降低。上述现象，在大城市中心地带的百货店表现得尤为突出。

百货店的商品种类流失后，空出的经营面积，按照消费需求的变化，应增加新的商品种类或其他经营、服务等项目，使其由原来的单一购物功能向满足消费者多元化需求的方向调整和转变，但近年来百货店大多都是以扩大现有存量商品规模的方式进行调整经营。例如，有的百货店将空出的经营面积全部用来扩大服装经营，使调整后的百货店几乎成了一个服装城。由于市场竞争激烈，在消费者流失的情况下，百货店的商圈已经很有限，如再扩大现有存量商品的经营规模，按边际效益递减规律，其增加规模的部分非但不能提升销售，反而会大大增加经营成本，同时，也失去了向多元化调整发展的机会收益。

百货店在我国经营、发展的历史不长，并不是一种十分成熟的业态形式。我国的百货店实行连锁化经营的不多，大多是单店经营，供应链不强、不完整，进货渠道、资金、自身的知名度等条件有限，组织货源特别是国外优质品牌货源的能力欠缺，进货成本较高，随着单体经营规模变大，管理难度也会相应加大。因此，受市场营销分销渠道管理模式特别是名牌产品制造商的影响，近年来我国百货店的经营模式已从原来的自营为主改变为以品牌制造商为主导的卖方单一品牌物流经营模式，即由品牌制造商来主导其从生产、物流直至零售的全过程（也称出租场地、柜台的联营模式）的卖方物流经营模式。这种经营模式使得店家自身不再搞商品经营，而是通过招商，由各品牌生产商的代理商来承租经营场地，开展商品零售。

实践证明，在市场充分竞争的条件下，除个别知名品牌仍居垄断地位外，大多数生产（经营）商均难以完整、准确地了解和把握消费需求状况，同时缺乏经营零售业的经验和团队，管理水平低，与消费需求的融合性、适应性较差。卖方单品类物流，造成资源不能共享，商品更新出现壁垒。市场不能充分竞争，导致品牌垄断，市场有效供给减少。大量租赁经营场地，付出昂贵的租金，使百货店的经营难度大，经营成本大增，销售价格居高不下，竞争力不断减弱，以致难以满足消费需求，特别是潜在增量需求。

有些人认为，是电商的发展打垮了百货店，并说百货店这种业态形式可以淘汰了。这种认识是不正确的。实际上，随着消费需求（消费需求形态）的变化，商品的经营属性也发生了变化。因此，商店的经营模式也要随之发生变化。许多百货店并没有认识和把握到消费需求的变化及其规律，总认为是受客观环境（电商、疫情等）的影响，没有意识到问题的根源在哪里，虽然也努力进行了调整，但大多只是在购物环境、商品布局等方面进行"一厢情愿"的调整，并没有真正了解和把握消费者的消费需求的发展和变化，从而进行有针对性的、结构性的调整。由于始终没有找到正确的调整方法，一些百货店也就无法与消费需求的变化相适应并满足消费需求，效益也就难以提高。例如，有的大型百货店由于以上的原因效益不断下滑，只能大量出租营业场地，扩大现有存量商品的经营规模，或对购物环境、商品布局等方面进行改造调整，但几经调整仍然无法扭转其衰退的趋势，而有的百货店则按照消费需求变化不断调整、完善，即使受到客观形势、环境的变化和影响，但其销售收入、效益整体上一直比较稳定。

（二）专卖店的经营特征

专卖店是经营某一知名品牌奢侈品的专门商店。知名品牌厂商为了树立和维护自身品牌形象，扩大影响力，需要单独设立的门店。专卖店的面积一般在100平方米左右，由于商圈较大，其选址大多在交通便利的繁华商业街。由于需要单独设店，一些公共资源不能共享，房租、营运管理成本较高，加上市场竞争不断加剧，因此目前除了少数在市场上具有绝对垄断力的知名品牌外，多数品牌专卖店的竞争力在逐渐减弱。

以上三种反映消费需求层次的基本消费需求形态，主要体现在商品零售业，其原理也适用于有消费需求的行业或领域，如餐饮业、服务业、医院、学校等。我们讲，万变不离其宗，这个"宗"就是规律。只有在充分认识和把握消费需求的规律、特点的基础上，再去选择商店的业态形式和经营定位，才能与消费需求相适应，取得比较好的经济效益。

四、以复合型需求为主导的零售消费需求形态

随着经济发展、生活水平的提高，人们的消费需求会不断发生变化。换言之，消费者在消费的过程中，不再满足或局限于单一消费需求形态方面的需求，而是在同一消费过程（时间）中，可以同时享受多种消费需求形态的消费需求。消费者不是单一的个人消费，而是一个复合的消费群体（如家

庭）。复合型消费需求形态不是三种基本消费需求形态的简单相加，而是在同一场所、同一时间内，一个复合的消费群体实现复合型（多元化）消费需求的一种新型消费需求形态。复合型消费需求形态反映的是多元化的复合型需求，与其相对应的业态形式是购物中心。

购物中心的消费对象大多以家庭为主。特别是在周末或假期，一个家庭在购物中心内可以享受到购物、餐饮、服务、健身、休闲、娱乐等复合型（多元化）的消费服务。购物中心是伴随着人们的生活水平不断提高，消费习惯、消费模式发生变化而出现的一种新的复合型业态形式。20世纪80年代，购物中心在西方国家兴起并不断发展。随着我国的不断开放，这种业态形式被引入我国，并获得了较快的发展。购物中心分为以下两种类型。

区域性购物中心的建筑面积在10万平方米左右，以经营一般性、日常生活用品为主，一般以某个综合超市为核心店，以餐饮、服务等各类专业店为主要经营内容，满足区域内消费者的一般性、经常性和部分特殊性消费需求，故其选址一般在距居民区较近，交通较便利、宽阔的地方。

大型购物中心的建筑面积一般都在30万平方米以上，其核心店是1~2家百货店，还有各类品牌专卖店、专业店，经营内容包括餐饮、服务、文化、娱乐、健身、休闲等，选址一般在距中心城区较远，高速路与环路交叉，交通便利，地域比较广阔，停车方便的地方。购物中心将商业与文化艺术、娱乐、健身、休闲融为一体，使消费充满活力和体验感。

（一）购物中心的发展现状及存在的问题

近年来，随着消费者需求和消费方式的不断变化，我国购物中心行业呈现出快速发展的态势。2022年底，全国购物中心数量达5685家，面积达5.03亿平方米。但受各方面因素的影响，2022年，我国购物中心的开业数量为366家，较2021年减少181家，同比下降33.09%，这是疫情三年来的最低开业量。[①]近两年来，购物中心又呈快速发展态势，2024年新开业的购物中心达430家。

---

① 数据来源：华经产业研究院发布的《2024年中国购物中心行业市场研究报告》。

1. 对购物中心业态形式的认识

我国从20世纪末引进购物中心这种经营模式，其在国内的发展历史不长。从数量上看，区域性购物中心在全国大多数城市已有较大规模的布局，甚至在小城市、县域也开始布局，而大型购物中心在一、二线城市已有布局，在三、四线城市还比较少见，全国购物中心数量与需求相比尚显不足。目前，一些经营者对复合型消费需求形态的内涵及其规律，以及购物中心的经营模式如何与消费需求相适应尚缺乏正确的、规律性的认识和把握。对购物中心在规划选址、经营模式等要素构成上的认识理解不太到位，从而导致经营定位不准、基本消费需求形态布局不均衡、经营面积利用不够充分。大型购物中心的定位因其商圈覆盖较广，消费层次相对较高，知名品牌商较多。有些经营商对多元化、品质化、复合型的消费需求以及与之相适应的经营模式认识不清，认为大型购物中心的客流较大、商圈大，定位就应当是高档消费，因此大都以品牌商的专卖店为主，各类专业店以及服务、文化、娱乐类等项目相对较少，从而导致基本业态形式结构失衡，不仅难以充分适应和满足多元化的消费需求，而且经营效益也难以提高。

2. 购物中心的选址定位需加强统筹谋划

购物中心是一种物业设施建设管理与经营分开（招商出租场地）的经营模式，即所有权与经营权分离。在国外，购物中心的开发建设程序一般是先招商，后建设，即首先将要建设的购物中心的经营定位、布局的总体思路和建筑的效果图制成宣传资料，对外进行宣传、招商，然后根据招商的结果，将拟入驻商家的经营需求进行归纳整理后与购物中心的总体思路、整体布局充分融合，并以此为主要依据，再进行设计、建设和装修美化。而在国内往往出现一些建设程序倒置的现象，即先建设，后招商：开发商根据自己的经营思路和想象进行建设，购物中心设施建成后再进行招商。这样一来，经营商进驻后设施布局配置与其需求不符，影响经营；或者经营商入驻后，还得根据自身实际需求进行二次改造、装修，从而导致建设经营成本增加和资产的浪费。这也是一些购物中心效益不好的重要原因之一。

（二）购物中心与商业街的区别

有人说购物中心就是封闭在一个建筑里的商业街。我们用消费需求形态的原理来分析商业街与购物中心，便可以看出二者之间的区别。

商业街一般分为城市中心的繁华商业街和区域性的商业街。城市中心的繁华商业街，往往是一个城市（地区）商业发展的标志和名片，汇集了各种业态形式，以百货店、品牌专卖店和各种老字号、专业店为主，兼及餐饮、服务、文化、娱乐等，以满足消费者的奢侈性、特殊性需求为主。尤其是传统的老商业街，由于其形成的历史较长，有较深厚的文化底蕴，因此既有购物、服务等消费功能，又有欣赏、体验历史文化的旅游功能，加之其特有的敞开式、展示性、随时（随意）性的消费购买形式，使消费的体验感十足。这种商业街的商圈比较大，能覆盖城市较大的区域，甚至整个城市。

区域性的商业街一般以超市、各类小型专业店，以及餐饮业、服务业等为主体，是为了满足消费者一般性、经常性的消费需求。商圈覆盖的主要是区域周边的消费者。

从业态形式看，购物中心与商业街有许多相同之处，在商品经营服务和消费方面看起来也大同小异，两者之间有许多相同的经营内容，但从消费需求形态上看，两者之间有较大的差异。购物中心是以三种基本消费需求形态为基础的一种复合型消费需求形态，而商业街是三种基本业态的组合（一般性、经常性消费需求占比较小）。购物中心体现的是复合型消费需求形态，而商业街体现的是消费需求形态的组合，两者在经营环境、经营条件，以及经营和消费对象的定位上都有很大的区别。去商业街消费时，购物消费一般以个体消费者为主，消费者购买（消费）的意向针对性较强。直接消费目的达到后，消费者会顺带逛逛商业街，间接产生连带消费。去大型购物中心消费的则是以家庭群体为主，消费者在消费场所停留时间较长，以满足购物、餐饮、娱乐、休闲等多种消费需求形态、多元化消费需求为主。购物中心的土地利用率较高，坪效高，消费环境舒适、方便、休闲，突出消费功能；而商业街除消费以外，其文化、娱乐、观光旅游的功能较强，其外在景观、透视性、体验感、沿街的展示性销售方式等往往更吸引消费者。

(三)商店(业态形式)的规模

无论何种业态形式,其单店的规模一定要遵循适度原则。所谓适度,就是要遵循边际收益递减规律,即当边际收益等于边际成本,利润达到最大化时,即是适度,而超出了适度规模的部分,边际成本增加,但收益不会增加,并且开始出现负数。例如,某小吃店营业面积约100平方米,日均营业额2000多元,年利润约6万元。在调查时发现,在中午销售最高峰时,这家小吃店的上座率不足80%。该小吃店属于一般性、经常性消费需求,地处居民区周边交通较便利的地方,商圈是基本固定的,80%的上座率已是其上限,不会再增加。因此经协商,隔断出20平方米的经营场地出租,经营一种营养食品,年租金6万元。调整后,小吃店的营业收入不但没有下降,反而还有所增加,因为减少了一定的面积,上座率增加,店里经常满座,对消费者更有吸引力。出租的20平方米场地年收入的6万元租金则直接进入小吃店的利润,使该小吃店的利润翻了一番,职工收入也随之大幅提高。由此可见，这个小吃店的适度规模根据其商圈应当是80平方米，即这个店的边际收益等于边际成本的临界点就在80平方米。超出的20平方米面积如仍经营小吃则不仅不会增加效益，反而会增加经营管理成本。因此，超出适度规模以外的经营面积应当充分利用，可通过调整引进新的业态形式，增加新的收益，同时使自身原有的经营与新引进的业态形式联系起来，从而产生聚客、连带销售的效应，取得更好的效益。

饭（酒）店的适度规模主要是看上座（入住）率；商店的适度规模主要从店内各种商品的销售情况来分析判断。所有商店都应遵循适度规模经营的原则，这是一个规律性的问题，但一些商店尚不能正确地认识和理解如何做到适度规模经营。近年来，一些规模较大的连锁企业经营困难，发展举步维艰，甚至宣告破产或被收购兼并。之所以出现这种现象，除了市场大环境的影响外，单店规模盲目扩大和组织规模无序扩张，没有做到适度规模经营是主要原因。商店的单体面积过大，组织规模过大，超出了适度规模，不但不能增加效益，反而会增加成本。在这种情况下，应按照适度规模的原则，调整、压缩单店的经营规模。同时，组织规模也要根据开店地区的消费水平和竞争对手的情况加以调整。如何做到适度规模经营，是当前各类商业主体在经营中存在的一个普遍问题，对企业自身的效益和市场的影响都很大，应当在充分调查研究的基础上，及时进行必要的调整和改变。

第四章　商品流通发展现状及存在的主要问题

商品流通从广义上讲，是指商品交易、流通的全过程；从狭义上讲，也可称为商品物流，即商品交易后，运输流动的过程。本书主要指的是生活资料的商品流通，一般是指商品从出厂到进入零售之间的流通过程。

一、现代商品物流基本模式

（一）卖方物流

卖方物流，即生产（供给）方组织的物流模式，它是生产商延伸经营功能，组织物流，直至在产品的消费地进行零售的一种经营模式。这种经营模式主要是受西方国家分销渠道管理模式的影响，以品牌厂商为中心，充分发挥和延伸其功能，从而主导从生产、物流直至零售的全过程。在大中城市中的百货店、专卖店中，由生产（供给）方租赁经营场地自营零售的经营模式就是卖方物流模式。

卖方物流的优势主要有三个方面：一是能够掌握自己生产的产品，经营的商品货源有保障，尤其是在市场产品短缺紧俏时，优势更加明显；二是自办物流有利于树立和保护自身的品牌形象；三是经营人员对商品比较熟悉，有利于其品牌的宣传和推广。

卖方物流的劣势主要有四个方面。一是生产者缺乏对商品流通规律和消费需求变化情况的了解和把握。大规模开设零售店后，由于缺乏懂经营、会管理的商业零售人才，当竞争激烈时，销售业绩难以提高。二是单一品牌的物流，使得资源不能共享，如在消费地大规模开零售店，其物流、零售在经营环节和管理上都会出现成本不断增高的问题，致使商品销售价格居高不下。三是生产商在消费地没有自己的零售网点，靠租场地经营，经营成本高，管理难度大，竞争力减弱。四是生产商自己租场地经营，租赁合同有时间期限，使得品牌在合同期内不能调整更换，在市场上容易形成相对的垄断经营和流通壁垒，不利于竞争，也难以充分满足消费需求，特别是对潜在的增量需求及时转化为消费形成阻碍。在一些百货店内，经常可以看到一些品牌销售业绩不好，消费者不满意，但仍占据着经营场地，而一些新的优质品牌却因为没有经营场地而难以进场的现象。我国零售行业中的百货店目前基本上都是采取卖方物流的经营模式，这也是导致百货店随着市场的变化，效益不断下滑的重要原因之一。

此外，农副产品的小规模生产者并不具备自办卖方物流的优势和条件，但由于其商品的特殊属性及收购流通模式的原因，生产者不得不自办卖方物流。

（二）买方物流

买方物流，主要是指实行连锁化经营的零售企业，向商品流通的上端延伸自身的物流功能，直至在生产地与具备优势的生产企业结为紧密的合作关系，建立自己的商品货源基地，形成集生产（合作)、物流、配送、零售于一体的完整供应链。

买方物流的优势有三个方面。一是商品销售场地有保障,比较容易了解、掌握消费需求变化及相关信息,零售经营管理的能力强。二是有与自身紧密合作的生产基地,零售经营的货源有保障,而且由于实行统一采购、物流、配送,交易规模大,交易次数少,使得商品流通效率提高,流通成本降低。三是由于以消费需求为导向,可以及时掌握市场的消费需求情况,因此在商品的组织和销售方面的针对性很强,商品适销对路,易与生产商结为紧密的合作关系,使得整个供应链顺畅高效,效益好。

由此可见,买方物流是以消费需求为导向,零售经营与消费需求形态相适应,物流(配送)与零售相适应,生产与物流(配送)相适应,从而形成了从消费需求到生产(供应)各环节相互适应的完整高效的商品供应链。

买方物流一般应具有产权关系,且具备一定规模的零售网点和良好的组织商品流通及经营管理能力,实行连锁化经营,但目前我国具备买方物流能力的企业数量尚不多。实践证明，以消费需求为导向，生产商与商品流通经营者结为紧密的合作伙伴，并以连锁物流配送形成的商品流通供应链模式，即生产—物流配送—零售紧密联系合作的买方物流，是一种科学高效的商品供应链模式。它为生产（特别是农产品）创造了有利的条件，也为满足消费者的消费需求提供了坚实的保障。因此，买方物流除了应在有实力、有规模的连锁企业中尽快得到推广、发展和完善外，随着其发展还可以拓展其配送功能，与非连锁化经营的、同业态形式的商店进行合作配送。

（三）第三方物流（配送）

第三方物流，是一种介于卖方物流与买方物流之间的第三方主导的物流模式，即我们通常所说的中间商、代理商，传统上也被称为市场批发。

随着经济的快速发展，现代的第三方物流与传统的批发相比已发生了质的变化。现代的第三方物流以消费需求为导向，一头联系零售，一头联系生产，具有了解掌握市场供求信息，易于连接供求，发挥促进生产、满足消费的作用，同时也符合社会化分工的要求。现代的第三方物流具有独特的优势，其运作模式是：通过与其经营相对应的零售店密切合作，明确零售店的需要，然后与生产（供应）商合作，对商店所需的商品（包括种类、品种）进行统一采购、配送和售后服务，即与消费需求形态相适应。这样就可以实现资源共享，降本增效，提高商品流通的经济和社会效益，特别是可以为单店经营或不具备连锁化经营条件的中小企业提供配送服务，形成合作式的连锁化经营和稳定的供应链。卖方物流由于是单品流通，其交易效率低，交易成本高，而卖方如与第三方物流商合作，可以极大地提高商品流通和经营主体的组织化、规模化程度，使资源得到合理利用，取得显著的规模效益。此外，随着合作的进一步发展，双方也可进行资本和经营的联合，发展深入的合作关系。只要有了经营规模，加上资本的纽带，卖方就可以实行与生产和零售紧密连接、合作的连锁化经营模式，并形成完整的供应链，而完整的、规模化的供应链是商业企业的核心竞争力之一。

传统的批发与现代的第三方物流都是生产与零

售之间的中间环节，那么传统的批发与现代的第三方物流模式的本质区别在什么地方呢？

批发是计划经济时期的产物。当时，由于生产力水平低，商品匮乏，国家对市场上的商品实行计划供应，而批发制便成为计划管控商品的主要经营方式。企业生产的产品按照计划管理模式，通过层层批发环节到达零售商店，商店按规定配置商品并供应消费者。由此可见，批发受产品生产（供给）这个源头的制约，市场以商品生产（供应）为主导。在生产力落后、市场商品匮乏的发展阶段，这种以生产供给为主导的批发制有其存在的合理性，是符合当时的生产力发展水平的。随着生产力的发展，我国逐步取消了商品计划供应的模式，但批发制并没有因此而消失。随着市场经济的发展，批发制虽有所变化，但没有质的改变。批发制在现阶段的经营模式仍然是围绕着产品的供给而运行的，仍然是先从生产商（源头）那里取得货源，再去找下家买主。由于零售目标存在不确定性，这种单品类、一对一的批发送货模式，会导致一些商品在流通过程中出现批发环节无序增加，资源不能共享，物流效率低、成本高的问题。

第三方物流以消费需求为主导，其零售模式与消费需求是紧密衔接、相互适应的。第三方物流按照零售（也是消费）的需要组织供应其商品。同样，生产也是按照物流的需要供应（生产）产品，第三方物流与上（生产）、下（零售）游紧密衔接，围绕着消费需求的零售—配送—物流—生产（供应）的各环节有机结合形成完整的供应链。由此可见，批发与第三方物流配送互为逆向运营操作：前者以生产供给为主导，经交易取得商品后再向下寻找商家销售商品；后者是以消费需求为导向，零售、物流乃至生产都按照消费需求来组织供应、生产商品，以充分满足消费需求。两者与消费需求的适应性是不同的，其运营结果显然也是不同的。以消费需求为导向，与零售、生产商紧密合作的第三方物流（包括物流、配送）是科学、高效物流的又一种模式。

要坚决摒弃那种"中间商就是增加流通环节和成本"的极端去中介化的错误认识。商品的交易、包装、存储、加工、运输、编配、整理，以及相关信息的收集、处理、传递等，在商品的流通过程中是必须完成的，而这些职能应当分别在相应的生产企业、物流（配送）企业、零售企业和消费者之间适度分担与转移。如果缺乏适当、合理的中间流通环节，就会使相当一部分流通职能聚集到某一个环节上，从而超过这个环节的承受能力。这样既不利于社会化的分工，也会导致商品在流通过程中停滞时间增加，效率降低，成本增加。在目前的市场上，第三方物流与批发的流通模式并存，但两者的发展仍存在与消费需求形态不相适应的问题，特别是第三方物流发展缓慢，批发制在市场上仍占主导。

综上所述，当市场商品紧缺，出现卖方市场时，卖方物流（批发）可以盛行一时，垄断市场；而当生产快速发展，市场商品丰富，竞争比较充分且激烈，出现买方市场时，卖方物流的优势就会逐渐丧失。因此，从商品流通发展的实践和趋势上看，应大力发展买方物流、第三方物流这些科学高效的现代物流模式，推动批发模式尽快向买方物流或第三方物流的模式转变。

二、城市（消费地）商品流通的主要问题

由于农产品与工业品的生产方式及产品自身的自然属性不同，因而商品物流的模式也有较大差异。例如，农业生产中仍有不少实行家庭承包这种分散、小规模生产的模式，且生产者难以大量储存农产品和自办销售物流。工业品生产企业自身规模较大，产品的自然属性（耐储性）要优于农副产品，因此自办物流具有一定的比较优势。但无论我们选择哪种商品物流模式，都必须在物流过程中解决好效率与成本问题。其中的关键，是要研究、探索出其中的规律，这是建立科学的商品物流模式的关键因素。

（一）关于建立科学商品流通模式的探索研究

改革开放以来，特别是党的十四大正式提出建立社会主义市场经济体制的发展目标后，计划经济体制下的生产、流通模式被逐步打破，我国的经济发展进入了一个快速发展期。但在计划经济向社会主义市场经济转变的条件下，如何结合中国国情，建立一个现代的、科学的商品流通模式，我们并没

有现成的经验可循，也没有现成的模式可以借鉴或者照搬，需对其从理论到实践进行深入的研究和探索。有些人认为，搞市场经济就是要放开，由企业自发地寻找、探索经营发展和商品流通模式，并提出商品流通要多渠道、少环节，放开流通渠道，让商品自由流通。1978年至1992年，我国的改革开放还处于初步探索与局部改革阶段，这一时期的生产力发展水平仍较低，市场上的商品供应并不十分充足，仍是以卖方市场为主，竞争也不够充分和激烈，商品流通过程中的效率与成本问题并不突出。随着改革开放的步伐加快，生产力得以快速发展，市场上的商品日趋丰富，市场竞争加剧，逐步形成了买方市场。特别是随着科技的发展和进步，在一定的环境、条件下，生产已经成为一个相对简单、易于操作的过程。在这种情况下，成千上万的生产厂家面对市场上千千万万的消费者，其生产出来的商品如何才能做到高效率、低成本的流通呢？因为无论科技如何发达，商品生产出来后，都要经历一个物理的流动过程（物流）。这个流通过程能否做到高效率、低成本是检验流通模式是否科学合理的主要标志。按照这个标准，商品的流通实际上是一个相对复杂的过程。不仅如此，随着生产的发展不断加速，商品流通中的矛盾和问题的复杂程度会越来越加剧，因为要想在竞争中站住脚，商品经营中的效率与成本往往是流通企业的核心竞争力。这就需要找到一种效率高、成本低，符合流通规律，科学高效的流通模式，使商业促进生产、满足消费需求的作用得到充分发挥，而不是任由商品自由、随意甚至无序地流通。这是社会主义市场经济在不断发展的过程中必须解决的一个问题，也是一个关系到整个国民经济能否健康、快速、可持续发展的重大问题。

这里，我们简单分析一下世界上一些国家存在的低收入、高物价的现象。造成这种现象的重要原因之一，就是一些商业经营企业缺乏对消费需求和商品流通运行规律的深入研究、认识和把握，以致商品供应链不完整，资源分割，商品流通的效率低、成本高。这种流通模式由于其本身的不合理，如中间环节的无序增加等，导致其本身在流通过程中不仅难以创造新的价值，反而付出了大量的无效劳动（泡沫）。虽然是无效劳动，但也是要计入成本的，这就导致流通成本提高。由于市场上的商品数量并没有增加，也没有创造出相应的新价值，因而市场的货币（需求）量没有增加，所以人们的收入也不会增加，从而出现高物价、低收入的现象。

当我们谈起流通成本高时，往往会将其简单地归结为流通环节多，只要减少甚至取消流通环节，就能降低成本。这是一个认识上的误区。我们不能简单地以流通环节的多少来评判流通成本的高低，而是要真正认识和把握消费需求以及与之相适应的商品流通、经营的规律，从而找到一种效率高、成本低、科学高效的商品流通模式。经济发展中打通堵点、补齐短板的关键正在于此。

有人认为，企业在不断的发展中，特别是经历艰难曲折后，会逐步探索并建立起与消费需求相适应的经营模式——这就是市场经济。这种认识也是有偏差的。从实践来看，要想建立这样一种模式，中间探索的过程可能是很漫长的，其间遇到的困难和曲折众多，因而带来的损失和对经济发展的负面影响也是难以估量的。不仅如此，企业在发展过程中往往还会遇到资源的重新配置、共享，以及体制机制的改革、转变等问题，加上企业自身能力等方面的问题，从而进一步加剧了探索的困难程度。因此，要想解决资源重新配置、调整，以及相应的体制机制改革、转变等问题，特别是解决堵点和短板等难点问题，仅靠市场自发的调节和企业自身的能力往往是很难的，必须借助政府的统筹、协调和推动来加以解决。这不仅是市场机制与宏观调控相结合的必然方式，也是社会主义市场经济体制的内在要求。

（二）连锁配送制的商业经营模式的分析研究

20世纪90年代，我国引进了发达国家的以消费需求为主导的连锁配送制的商业经营模式。这种经营模式是与消费需求相适应的、科学的商品流通模式。与传统的生产批发制的商品流通模式相比，这是一次革命性的改变，主要体现在以下几个方面。

1. 使从生产到流通销售的全过程劳动生产率大大提高

连锁配送制的商业经营模式是以消费需求为主导的，商店是与消费需求形态相适应的业态形式。

与商店紧密联系从而建立供货关系的配送、物流、生产，形成了完整的商品供应链。这个供应链的形成使商店的经营与市场消费需求紧密衔接，与消费的融合更具主动性与针对性，能更好地满足消费需求。与商店有着密切联系的配送、物流、生产等环节，都是围绕着消费需求并与之相适应的。连锁配送制的发展使生产直至消费这一全过程的各个环节按照消费需求和专业化、标准化的原则进行分工协作、合理设置，推进了科学化的经营和管理，使劳动生产率大大提高。连锁配送制通过形式标准化、分工专业化、管理集中化、业务流程简单化的原则进行组合，发挥整体功能，将零售店分散化、个性化的经营模式，按照与消费需求形态相适应的形式进行有机组合，使单体经营向规模经营转变，使复杂的物流、经营活动变得简单化，提高了经营效率，降低了经营成本，满足了消费需求。连锁配送制凭借其遍布各地的店铺所具有的惊人的销售力量，改变了生产与流通的关系，建立了供需实力相对均衡的关系结构，甚至左右了生产者的意向。连锁经营与生产商的关系已不再是"你生产什么，我经营什么"，而是根据连锁商业掌握的消费需求的信息，双方共同研究、开发、制定商品的质量标准和生产规模。在这里，连锁商业提供和反映出来的市场供求信息对市场是具有普遍意义的，这是非连锁经营所不能及的。不仅如此，连锁经营的整个物流过程和商店的经营方式决定了商品必须在规格、包装、条码等方面做到统一和齐备，便于消费者挑选和结算。这样一来，就对商品的生产和再加工不断提出新的要求，使从生产到流通销售的全过程劳动生产率大大提高。

2. 使超市开店成本和经营成本大幅降低

在连锁配送制经营模式下，配送对象在同一种业态形式（如超市）之间，以及在消费需求和商品经营中均具有同一性和可复制性，即连锁经营的各个超市所经营的商品结构、品种大体相同，只是根据不同地区消费需求存在的差异，在规模、数量上做适度调整。总部可通过统一开店的形式，以成功的店面为模板进行复制，并统一采购、统一配送，实行连锁化的经营。这也是超市的开店成本和经营成本都可以大幅降低的基础条件和因素。

3. 使企业的组织化程度提高

改革开放以来，市场主体中大量的单个经营的小店（如夫妻店）出现，为活跃市场、方便消费发挥了积极的作用。随着经济的发展，市场竞争机制日益表现出其巨大的调节功能。市场主体的成长发育，使每个企业都不得不参与其中。在这种情况下，单个小店的竞争力和抗风险能力明显不足，难以可持续地生存与发展。与此相反，连锁配送制的经营方式，可以实现从单店到多店的规模化连锁经营，实现经营乃至资本上的联合，以及市场化、专业化、标准化的管理。通过提高组织化程度，统筹商流、物流、信息流、资金流，这种经营方式使资源得以充分、合理的利用，取得显著的规模效益。实践表明，这是市场经营必然的发展趋势。

连锁配送制作为一种科学高效的流通模式，不但有利于提高经济效益，还有着巨大的社会效益，如共享资源、节约能源、净化环境、维护良好的市场秩序和交通秩序、合理配置劳动力、保障商品质量安全、提高服务质量、维护消费者利益等。

（三）配送与批发在商品流通效率与经济效益上的差异

第一，连锁配送制是买方物流和第三方物流中的关键环节。因为连锁配送制是以市场消费需求为主导的，商店（超市）不仅可以根据消费需求组织安排商品，提出经营商品的需求，还可以根据商店的需要将其所需的商品一次配齐并送达，在配送之前的物流、生产也都会相应地按照配送的需要来组织流通和生产。由此可见，零售商品的配送、物流、生产等环节都是按照市场消费需求进行衔接和配置的，并能形成完整、科学的供应链。这种商品流通模式效率高、成本低，具有极大的发展潜力。

与此相反，批发制大多不是根据商店的需要、经营模式等条件来设置，而是根据行政区划的大小来设立的。商店从生产商（批发商）购进货源后再去找买家，供货对象和供货品种，以及供货数量不明确、不稳定，因此难以实现高效率、低成本。

第二，配送是科学的商品流通模式的关键环节，在商品流通中起到了承上启下的作用。生产商的特点是布局相对分散，生产品类较单一，而商店分布于城市街道和乡村的各个区域、角落，需要的商品种类是丰富多样的。如果我们片面地减少流通环节，实行产销直挂（交易），则一个商店将会与众多生产厂家进行直接交易，这将导致交易次数大大增加，而交易规模和效率降低，从而使交易成本大大提高。因此，我们必须正确地认识和理解"配送"这个概念。配送不是简单的送货，送货不等于配送。送货是一对一，由批发者对商店进行单一品类的多次送货，而配送是根据商店的需要，将所需商品一次配齐、一次送达。配送的核心是配，其次才是送。配送不但可以大大减少交易次数，同时也提高了交易规模，提高了效率，降低了成本。

例如，有10个生产厂家生产的商品与10家超市都有经营关系，如果10个厂家分别与10家超市直接交易供货，它们之间的交易次数为10×10=100次；如果10个厂家将10个超市需要的商品与一个配送中心交易，配送中心将超市需要的10个厂家的商品与10个厂家交易后，配送至10个超市，这样配送中心与10个厂家只需交易10次，与10家超市也只需交易10次，那么配送中心与10个厂家和10

家超市的总交易次数为20次。这样一来，交易次数由厂商直接交易的100次减少至20次，而每次交易的规模大大增加，从而极大地提升了效率、降低了成本，这就是连锁配送制的独特优势。

从这里可以看出，交易成本与交易次数成正比，与交易规模成反比。连锁配送制从交易效率和成本方面都要优于批发制。配送看似是在供给方与需求方之间增加了一道环节，但却实现了资源共享，减少了其他不必要的环节。配送本身不是一个独立的经营环节，只是供应链中的一个中转服务。因此，配送中心一般不进行单独核算，成本较低。配送机制使复杂、低效的商品流通变得简单、高效。

批发商是独立核算的经营单位，不能真正匹配、适应消费需求形态，资源不能共享。例如，一个单独经营的小超市，为其供货的批发商就多达几十家，而且大多是单一品类（种）的商品，因此其成本和效率是无法与连锁配送制相比的。在市场上，因为批发的目标对象具有不确定性，因此环节的增加具有一定的随意性，而批发的环节越多，商品的流通效率就越低。连锁配送制由于目标对象确定且稳定，因此不会随意增加商品流通环节。当前一些较大规模的物流中心，依托自身的货源优势也开办配送中心为一些单店配送，虽然这种方式较批发模式有所改进和发展，但由于其不是与消费需求形态相匹配、适应的，自身没有与产地直接合作的完整供应链，实际上是在批发的基础上增加了一道环节，不仅提高了经营成本，而且经营的品类（种）有限，不能完全按照消费需求形态的需要来组织商品，实际效果并不理想。

第三，商店是与消费需求形态相适应的。连锁配送制是按照商店的需要进行配送，彼此之间具有稳定的供求关系。配送商品的品种、数量、时间都非常明确，针对性强，因而配送中心的商品库存结构、数量都非常合理，一般不会出现积压或脱销现象，流通效率高、成本低。

批发制（包括电商）是将商品购进后再去寻找买家，由于供货对象不稳定，商品需求情况不明确，因而库存商品的结构、数量不尽合理，经常出现积压或脱销现象，因此经营成本高，经营风险大，竞争力弱，商品流通无法高效、顺畅地进行，效益也难以提高。

（四）连锁配送制的适用范围

在经济发展和社会生活中，必须解决好两个基本的流动问题。一是人的流动问题，这是经济活动的基本需要。例如，为解决众多人口出行的需求和便利，就要发展高效率、低成本的交通来解决大多数人的基本出行问题。而发展公共交通（火车、地铁、公交车等）及相应的基础设施，就是解决这一问题的最基本、最有效的方式。二是商品的流动（物流）问题，这是发展经济、满足人民群众生活的又一基本需要，同样要用高效率、低成本的物流模式来解决。连锁配送制能够使商品实现高效率、低成本的流通，是物流的一个基本模式。

无论是人流还是物流，都必须建立在与消费需求相适应的基础上，否则市场将是无序、混乱的。解决好上述两个基本的流动问题，是保障经济健康发展、满足消费需求、实现和谐稳定的基本要务。

连锁配送制适用于各种有商品购销经营活动的领域。实行连锁配送制，可以大大降低整个社会物流的经济成本和社会成本，应当加快推进实施。

(五)推行连锁配送制需要注意的问题

推行连锁配送制，一定要注意连锁配送的规模要适度，具体可分为以下两个方面。

一是店铺的单体规模要适度。不同区域、不同功能的超市规模不同，如一些大型综合超市不断扩大经营规模，使其单体规模和商品经营品种过多，已超出其商圈和边际收益，不仅使配送难度大，经营成本高，而且使消费者购物不方便，经营管理的难度加大，效益不断下滑。

二是连锁配送的组织规模要适度。组织规模过大，特别是跨区域过大，配送的效率反而会降低，加上某些特殊商品(如生鲜等)损耗的加大，会导致成本上升，管理难度加大。有些连锁公司盲目地跨区域扩张开店，甚至超出自身掌控能力。很显然，这种透支自身能量的扩张是难以实现高质量发展的，其结果可能会适得其反。

目前，我国的连锁企业尚不具备大规模跨国经营的能力，国内跨地区经营的企业也不多。从我国人口密集程度和商业发展的实际水平看，区域性的连锁企业在经营上更具优势。在一个区域内相对集中地开店，形成商势圈，这样配送效率比较高，不仅有利于降低成本，易于管理，而且竞争对手也难以进入与其直接竞争。

（六）关于加盟连锁问题

这种经营模式可以使连锁企业自己不投资，仅输出品牌和一定的经营管理技术来获取收益，并提高企业的组织规模。但从实践中看，大多加盟的企业并没有获得预期的效益。

究其原因，可以发现，虽然直营店向加盟店输出了经营技术和品牌，但由于彼此间是松散式合作，缺乏严格的约束力，供应链也缺乏紧密的融合，因此，加盟店与直营店之间的经营管理水平和效益始终存在明显的差距。由于加盟店的经营水平达不到直营店的水平，即使挂上直营店的牌子也无法弥补经营上的差距。加盟经营模式比直营模式的经营成本高，但经营水平又比直营店低。在这种情况下，加盟店还要向直营企业支付加盟费，这无疑是雪上加霜。对于品牌连锁企业来说，应当在具备条件后，成熟一家，加盟一家，切忌条件尚不具备时就大规模开店。加盟合作不能仅靠卖牌子，坐收加盟费，而是要在经营（供应链）和资本方面紧密结合，合作经营、共担风险，这样才能实现互利共赢。

（七）连锁配送制的总部功能要加强

连锁化经营是由企业总部对商品实行统一交易采购、统一物流、统一配送，店铺只负责卖场的现场销售管理。在这种经营模式下，总部的功能就显得尤为重要，如果总部的经营管理水平跟不上市场消费需求的变化与发展，将严重制约企业的整体发展。店铺是实现消费的场所，总部要特别注意与店铺的呼应、沟通与协调，及时了解店铺商品的销售情况及各类消费的需求信息，从而完整、准确地了解和把握市场的消费需求情况，以此对市场消费需求情况进行分析研判，作出决策，并以此为依据组织和配送商品，而不能仅凭总部自己的判断和意愿来组织和配送商品。如果商店的商品市场有需求，总部就应及时地组织经营和配送，否则不仅效益会受影响，也会使店铺的销售数字不能真实地反映市场的消费需求情况。连锁配送的经营模式是由总部统一经营，但并不是由总部垄断。总部要与店铺就市场需求信息进行有效的沟通、分析，并根据店铺反馈的需求信息，及时组织好商品货源。切忌不听取店铺的商品需求意见，且要求总部送什么，商店就卖什么，以致店铺没有选择商品的话语权，这样就违背了消费需求形态和连锁经营的规律，会给经营造成很大影响。

此外，总部在商品的采购环节要建立并完善监督制约机制，在商品组织、采购的选择上，要公开透明、公平公正，并采取切实有效的措施防止采购环节拿"回扣"的不正之风，否则就会增加商品的进货成本，使商品质量得不到保证。这样不仅会使企业的经营和利益受损，也会损害消费者的利益，败坏社会风气，因此应切实加大治理力度，抓出实效。

（八）科学高效的商品流通模式的推广应用

消费需求形态、连锁配送等理论，以及相应的商业经营模式（业态形式）是我国商业经济理论的基础内容。如何结合我国商业发展实际，对引进的先进商业经济理论加以系统整理、归纳提炼、消化吸收，并深入地研究和在实际中正确有效地推广应用，是摆在我们面前的一项紧迫任务。

连锁配送制在实际应用中，须进一步加强操作的规范性，使其充分发挥作用。

历史上，一些商业企业曾配置建设了大量的商品批发（存储）设施，应充分盘活这部分资产，从而为建立科学的商品流通模式提供物质基础。

当前，市场上连锁配送制与批发制并存。连锁配送制除在一些有规模的连锁经营的超市、便利店施行外，还没有被广泛推行运用，市场的覆盖率还不高。日用工业品的物流和配送尚待进一步建立和规范，特别是一些商业企业和小型商店（夫妻店）的连锁配送的经营模式亟待建立。连锁配送制作为一种科学、高效的商品流通模式，不但可以在商品流通经营领域发挥基础性的重要作用，而且可以在服务业、快递、政府采购、药品采购等行业，以及机关、企业、学校、医院的食堂中进行有效的运营，应当尽快推行。

（九）商品流通的属性问题

商品流通（物流配送）是不是创造价值的社会

必要劳动，在理论界一直有不同的观点。有些学者认为，商品在流通过程中增加了许多经营环节，这些不必要的经营环节，不是社会必要劳动，因此不创造价值。其实，讨论这个问题的关键是要搞清楚什么是必要的经营环节，什么是不必要的经营环节。政治经济学理论认为，商业劳动本身（商品流通）不创造价值，因为商品在生产环节已完成制造，已具备使用价值。只有必要的包装、仓储、运输等才是生产的延续，才构成商品价值的一部分，即生产性流通成本属于商品价值的一部分，而生产性流通费用以外的纯粹流通费用不形成价值。然而，生产完成后，产品虽已具备使用价值，但如果不经过流通是无法实现消费的，也就无法实现其使用价值。产品必须经过流通才能成为商品，必要的商品流通是生产环节的组成部分，是商品价值的一部分。因此，关键的问题是什么是必要的商品流通。政治经济学中说到的必要的运输，即生产性流通，就应当被视为必要的商品流通。因此，社会必要生产时间加上社会必要运输（流通）时间，即构成商品的整个社会必要劳动时间，即价值。从这个意义上说，一个高效率、低成本的商品流通模式是社会必要劳动时间的有机构成部分。但是，从目前市场发展的现状看，这种商品流通模式还有待进一步发展和完善。

当前市场上一些商品的价格虚高，这是不是价值的体现呢？这里分析如下。

一些经营者没有掌握和按照科学、可持续发展的商品流通模式组织流通，致使商品的纯粹流通费用（或称不合理费用）不合理地增加，如在批发的流通模式中，一些流通环节的无谓增加。这些不合理的流通环节导致成本、价格提高的部分，不是价值的构成部分。

如果商业企业利用自身的垄断地位，通过收取高额的租赁费、使用费及营业额扣点的方式而获取的超出正常费用的部分，均属超额利润，也不属价值的构成。这种现象一旦出现，势必会大大增加商品零售经营的成本，最终导致市场上的商品价格虚高。

也有一些商家利用垄断或信息不对称的方式（便利），使一些商品价格畸高，如医疗用的一些器件、耗材、种植牙等的价格严重背离价值,从而获取超额(不正当)利润。超额利润是不能构成商品价值的。商品价格一旦持续虚高,会导致市场乱象丛生,此时应加强监管,加大市场调控的力度。

第五章　实体零售与电商的对比与融合

一、电商发展的环境与背景

随着我国经济发展的速度不断加快，加之经济转型期又是消费需求的快速增长变化期，市场的培育和发展呈现多元化、复杂化的状态。在这个消费需求快速发展变化且市场矛盾交织、复杂多变的市场环境下，如果对消费需求的发展变化规律缺乏正确的认识和把握，那么实体商业就很难充分适应消费需求形态，商品流通促进生产发展、满足消费需求的作用就无法得到充分有效的发挥，而生产受自身主客观因素的制约，也难以为市场提供充分的有效供给，从而导致实体店的发展遇到障碍和瓶颈。在这种市场形势下，互联网电商获得了一个快速发展的机遇。互联网电商的发展为市场增加了一种新的经营模式，特别是为消费者提供了一种便利的购物、消费方式。

据国家统计局数据，2024年，全国网上零售额155225亿元，比上年增长7.2%，我国已经连续12年稳居全球最大网络零售市场。其中，实物商品网上零售额130816亿元，增长6.5%，占社会消费品零售总额的比重为26.8%；在实物商品网上零售额中，吃类、穿类、用类商品分别增长16.0%、1.5%、6.3%。[1]

近年来，互联网技术发展很快。互联网是一种先进的应用性的信息化工具，互联网经济的发展要以实体经济为基础。互联网与实体经济的有效结合，能提高实体经济的效率和效益。互联网电商自身的发展要充分认识和把握消费需求和商业经营的规律，其经营模式要不断地与消费需求相适应，否则，仅靠互联网技术是无法取得商业经营的成功的。

---

[1] 数据来源：商务部。

二、电商与实体店的经营模式对比

电商是一种依托互联网平台，与消费者进行商品交易的经营模式。

（一）电商的主要经营优势

商品经营范围比较广，基本上不受业态形式的限制，经营方式比较简单、灵活，入行相对比较容易。

通过互联网平台，消费者可以很便捷地了解和获取商品的供应信息，从而弥补了实体店在信息披露、经营方式上的一些不足。

电商的交易形式比较方便、灵活，能较好地满足消费者对购物（服务）便利性的需求。

与线下的实体店相比，电商的某些商品具有一定的价格优势。

（二）电商的经营模式分析

具体而言，电商可以分为传统网络平台电商、社区团购电商、直播带货电商。

1. 传统网络平台电商经营模式分析

电商是在网络平台上销售商品，在销售的过程中首先要通过网络的商品宣传页面向消费者展示、宣传和推销商品，使消费者了解、获取商品供应的信息。当消费者在网站上浏览、寻找商品时，由于商家和商品太多，往往会选购那些在宣传页面中排名靠前且比较适合的商品。因此，那些在宣传页面中靠前的商品在竞争中就处于比较有利的地位。那么，哪个商家的商品在宣传页面中的排名可以靠前呢？网络平台为了平衡商家之间的关系，便规定销售业绩好的在宣传页面中的排名就靠前。这种方法的本意是为了鼓励业绩好的电商，但却促使一些销售业绩不太好的商家采取刷单，即伪造销售业绩的办法来提高自己的排名，以使自己在宣传页面中靠前，从而获取宣传、销售上的优势。同时，有些平台也会通过收取宣传费等办法来调整排名。这些做法导致了电商之间的不公平竞争，一些电商只能花钱宣传买流量，而平台则借此获取超额收益。

电商在网络平台这样一个虚拟环境中与消费者进行交易，交易过程可以大量地宣传其商品，这也是互联网的优势所在，但不利的是，消费者只能看到商品的图片、视频、文字，并不能接触和感受商品实物，使消费者在购物时缺乏体验感，而这也为一些商家的弄虚作假创造了条件。在实体店，消费者可以直接面对商品，了解和体验所需商品的质量、价格等，从而作出选择。从这一点看，实体店的经营模式是直接面对消费者，经营的商品体验感强，质量相对有保障，消费者信任度较高，容易提升消费者的消费意愿。购物（消费）过程中的体验感能给消费者在消费过程中带来消费的信任感、愉悦感和生活的幸福感。消费者的这些感受，是生活幸福的一部分，对市场稳定、社会和谐有着重要的意义。

电商与实体店经营模式最大的区别就是与消费需求形态的关系。电商的经营没有消费需求形态的限制，因而也就没有消费需求的引导并与之相适应。电商无法正确地认识和把握消费需求形态，也就难以把握消费需求的规律及发展变化。电商只能通过将商品在平台上展示、宣传和销售来寻找消费者，或搞一些促销活动来刺激消费者，并以此来确定自身的经营和物流模式。这种经营模式使得目标顾客不明确、不稳定，针对性不强，竞争对手亦不清晰。因此，为了规避风险，电商一般不会大量囤积货源（生鲜前置仓除外）。只有在消费者下单后，电商才会调货、办理物流、送货等。因此这种经营模式的效率、时效性就会受到一定影响，商品周转率较慢，且商圈范围越大，单一商品物流成本越高，效益则不断下降。实体店是按照不同的消费需求形态划分为各种业态形式（商店）并与消费需求相适应的，因此可以按照消费需求形态来确定自身的商品经营和物流模式。实体店可根据消费需求经营商品，商圈内的目标客户相对明确、稳定，经营的针对性强，因而经营效率高，商品和资金周转快，效益较好。

电商平台的经营范围很广。在电商平台上，各类商品无所不有，消费者可以在平台上选购各种商品，这为消费者提供了很大的便利。例如，由于市场销售量小且单价较低的一些小商品在实体店往往是缺货的，而在电商中一般都能买到。这是电商的一大优势。千万不要低估这一优势。一般而言，实体店要满足消费者一般性、经常性的需求，就要做到与消费需求相适应的商品品种可能没那么全，但消费使用的功能不能缺。例如，商店里的一盒牙签，看起来很不起眼，可以没有那么多品种，但只要有一种能解决消费者的急需即可。由于消费者连带性购买的习惯，一种小商品很可能带来消费增加；反之，则可能减少。因此，这个问题应当引起实体店的高度重视。由于经营模式的不同，从整个电商平台来讲，虽然其经营范围很广，但平台上每个商家的经营范围却是很窄的。每个商家一般只经营某一类（种）商品。当消费者需要的商品种类、数量较多，需要一次购齐日常生活用品时，他们无法在网上一次下单、购齐，而需要逐一、多次下单，而商家也只能多次送货，不能一次统一配送。电商不仅很难适应经常性生活用品需求一次购齐的习惯，也很难满足消费者的即时性消费需求。电商是在平台上各自经营，虽然没有消费需求形态的限制，但也没有规模化的、统一完整的供应链，在商品流通的过程中资源是分割的。现在有些电商与超市合作或自办超市，即线上与线下结合，根据消费者的需要，可以为消费者在线上一次性购买所需商品并送货到家，但这种方式是以实体店（超市）的经营模式为基础来实行的（也可称为代购），已不是纯粹意义上的电商，而是超市的线上经营。因此，这种方式与消费者到实体店购物还是有区别的：线上购物是有目的、针对性的购买，而在实体店，消费者除了针对性购买以外，还有随机性、连带性购买。线上与线下是两种不同的经营模式，消费者一般不会按照在超市的购买习惯在网上购物，而电商也不会用超市的销售方法在网上销售自己的商品。

实体店的经营具有地域性，即人们通常所说的商圈，因为消费者到店购物会根据自身需求选择不同的空间距离。例如，满足消费者的一般性、经常性消费需求的社区超市，消费者一般会选择就近购买，因此，社区超市的商圈一般只有2～3公里。由于实体店的经营具有地域性，因此，单个实体店要想实现市场垄断是很困难的，即使实行规模化的连锁经营也是如此，因为它的规模是有限的。电商是通过网络平台与消费者进行交易的，买卖双方是以虚拟的方式进行交易的，没有地域性，一个技术先进的网络平台可以容纳足够多的商家和消费者来交易，而不论商家和消费者身处何方。一般而言，消费者经过一定时间的交易后，会比较习惯地选择在某一平台长期购物。经过一段时期的发展，电商和网上购物的消费者便会集中在几个规模比较大、知名度比较高的平台上进行交易。因此，电商的经营模式客观上为少数网络平台逐步形成垄断地位创造了条件。平台的垄断地位一旦形成，通常会利用自身的垄断地位向生产商、经营商施压，将供货价和销售价压到最低，以利于平台自身的竞争力和收益。

长此以往，这种经营模式会导致生产者为了利润而牺牲产品质量，实行低质低价。由于只能通过微利甚至无利来维持经营，有些电商甚至会走上以次充好的经营之道。

2. 社区团购

社区团购起初只是社区邻里之间的一种互助模式。例如，某小区附近的农贸市场新上市了大葱，每斤1元，一次购买50斤以上的优惠价为每斤0.9元。5位老年消费者由于行动不便，便委托其中一人帮助购买（即团购）。这个被委托的消费者一个人到农贸市场买了50斤葱，每斤0.9元，分给每人10

斤，每人得10斤葱，花费9元钱，每人节省1元钱。从此例看出一个人去购买的交易次数为1次，交易规模为50斤；如5个人都自己去购买则交易次数为5次，每人交易规模为10斤。按交易成本与交易次数成正比，与交易规模成反比的原理，前者的交易成本显然低于后者。这就是团购能够降低成本的基本原理。

团购的初始模式是小规模的互助购物，且不以营利为目的，而当团购作为一种市场化的经营模式时，其形式、过程、结果都会出现很大的变化。

首先，价格优势逐渐降低。在团购初始模式中帮助大家代购的人就成为团购市场化经营模式的团长，也是经营者和获利者，当经营规模不断扩大时，虽然可以进一步降低进货价格，但其供货商大多数是中间商，议价的空间并不大。而且团购在扩大经营规模时，必然要相应地增加经营工具、设施及人员，且面对的消费者不断增加，则其交易次数也不断增加，因此，经营成本也会不断增加，且其经营成本增加的幅度要远高于降低进货价格的幅度。在这种情况下，边际规模递增使其成本逐步增加，收益逐步减少，低价优势逐渐消失，甚至出现亏损，现在许多团购的商品价格甚至要高于市场价格。

其次，团购时大多采取成件批量销售，消费者购买后，储存中易出现损耗，实际上是将供应商的存储和损耗的成本转移给了消费者。有些团购还要花钱租赁存储点、提货点，因此只能依托实体网点。当团购不再具有价格优势时，一些消费者到实体店提货时说："这不又回到了实体零售模式了吗？还不如现吃现买合算。"

最后，就是团购的管理问题。团购既然是一种市场化的经营模式，就应当依法注册登记和纳税，但团购的经营者大多没有按照规则办事，所售商品的质量、价格也难以得到监督和保障。

综上所述，团购一般只适合邻里、朋友之间的小规模互助式消费，可作为消费者日常生活中的一种辅助的购买、消费模式，而不宜作为市场化、规模化的经营模式，否则任其发展，所暴露出来的问题会不断放大、增加。

3. 直播带货电商

直播带货电商在商品信息的传播方面发挥了一定的优势和作用，使消费者在一定程度上对所需商品有了一定的了解，但也有一些直播带货电商以虚假信息误导消费者。一些网上直播的商品在物流、经营方面并无优势，大多是由一些代理商供货，且一般为存货推销，并没有给市场增加更多新的有效供给。很多时候，直播带货电商只是利用明星效应博消费者的眼球，特别是那些头部主播，更是拿走了大量的钱，而这些钱都是要计入售货成本，最终都是要由消费者来买单的。与此同时，一些实体店利用直播方式使消费者更直观、及时地了解到商品和商店，对商品销售和企业形象都起到了积极的作用。实体店开展直播有利于弥补消费者不能及时了解店内的商品、服务信息的缺陷。

市场上新出现的各类市场主体、各种商业经营模式，首先应当正确地了解、把握消费者的消费需求和商品经营的规律、特点，这是做好商业经营的基础和必要条件。从经营模式上看，由于脱离了消费需求形态，电商无法了解和把握消费需求的内在规律及其发展变化，只是单一的商品交易、物流，资源难以共享，因此得不到合理配置。任何一种经营模式都不能只是利用一些消费者感性的消费心理，在商家与消费者信息不对称的情况下，通过一些销售手段，获取利益。当消费者不断从感性趋于理性时，这种经营方式便会难以为继。

电商的交易行为是在互联网平台上的虚拟环境中进行的，难以受到有效的监督。这是电商经营模式的一个先天不足。任何事物的出现和发展，只要失去监督，就可能导致各种问题的发生。因此，要切实加大市场监管力度，以便加以纠正和预防。

一些未获生产许可的低质产品甚至是伪劣商品通过网上销售，获取非法利益，严重损害消费者利益。这会对我国制造业的高质量发展造成冲击，产生不利的影响。

一些快递、外卖行业在送货时使用简易、落后的交通工具，极易发生违反交通法规的现象，特别是在大城市，会给交通秩序带来许多问题和安全隐患。

由于监管不到位，外卖食品的质量与安全难以保障。外卖食品的送货方式也难以达到食品卫生的标准要求，安全隐患很大。

由于快递、外卖的快速发展，一次性使用的包装材料被大量使用，易造成严重的资源浪费和环境污染。

从事快递、外卖行业的劳动力，大多为年轻男性，且劳动技能相对简单。大量就业人员集中在快递、外卖行业，会导致社会劳动力的使用配置失衡，尤其对制造业的用工影响较大。同时，大量年轻的男性劳动力因缺乏必要（社会需要）的劳动技能，使其转岗再就业时出现困难。

当生产力快速发展，社会主义市场经济进入新的发展阶段后，消费需求的内涵也在不断发生变化。广大人民群众对美好生活的向往，既包括物质的也包括精神的，既是个人的需求也是社会的需求。发展社会主义市场经济、满足消费需求的基本原则就是要以消费需求为导向，通过市场机制和法治的市场环境，合理配置资源，拉动经济的快速发展。科学、高质量的发展体现的是社会的整体发展与进步。发展经济不能以牺牲和破坏资源、环境为代价，即不能只看经济效益或某几项经济指标，还要注重社会效益。各类商业企业必须树立正确的经营理念，只有不断更好地满足广大消费者的消费需求，并维护好社会公众利益，即经济效益与社会效益的统筹兼顾，才能获取企业自身应得的利益，才能真正走上可持续、高质量的发展道路。

前人要造福子孙后代。习近平总书记提出的"绿水青山就是金山银山"的发展理念，深刻阐明了人与自然，以及经济与社会如何协调发展的内涵与关系，是对经济高质量发展的最好诠释。

（三）基于市场培育的对比

有形的市场就是有市，有场。市就是买卖双方的交易，场就是买卖双方交易的场所。电商通过网上的虚拟空间完成交易，是虚拟市场。虚拟市场与有形市场的环境效果是有很大差异的。因此，实体店的经营活动和过程才是真正意义上的市场。有实体店的经营才能体现出市场的繁荣，市场才真正有活力，才能使消费者在消费的过程中体验到愉悦感、满足感，从而不断地激发消费者的消费意愿和信心，扩大消费，而虚拟市场是达不到这种效果的。繁荣的市场景象与健康的生活方式是紧密相连的。

有形市场与虚拟市场在资源配置上的效果也是不同的,不同的经营模式会带动不同的相关产业发展。实体店的发展,不仅对房地产市场的发展具有积极的带动作用,而且对装修、装饰、广告、仓储、冷链、经营设备等产业(行业)的发展都具有十分重要且积极的作用。电商带动的主要是快递、外卖等少数行业的爆发式增长,这种增长如果不加强调控和监管,将会给市场带来一些负面影响。

(四)基于消费拉动的对比

按照经济学家恩格尔的说法,随着经济的快速发展和人民群众生活水平的提高,食物消费占总消费的比重会不断降低。一般来说,消费需求特别是日常基本消费是相对稳定的。也就是说,在一定时期内,一定条件下,消费并不会因为市场主体的增多而随之增加。市场主体的发展变化往往要快于消费的增长变化。因此,市场上消费这块蛋糕就这么大,这就导致了众多市场主体竞相来瓜分这块蛋糕。近些年来,电商发展很快。电商与实体店是竞争关系，由于消费者的日常需求（如食品等）是比较刚性的，需求弹性较小，因此，在竞争中就会出现此消彼长的现象。据报道，在经营收入中电商与实体店两者之间约有70%的替代率，即电商每增加100元的销售收入，实体店就要减少约70元的销售收入。换言之，电商销售增加并不是消费的净增长，而是在竞争对手销售有所减少的基础上的增长。在市场上，企业之间的竞争使各竞争对手之间的收益有增有减本属正常，但竞争必须建立在公平的基础上。

拉动消费需求增长的指标，主要应看社会消费品零售总额的增长。据有关部门统计，2010—2014年，电商零售额占社会消费品零售总额的平均比重为6.28%，同期社会消费品零售总额年平均增长15.5%；2015—2019年，电商零售额占社会消费品零售总额的平均比重上升为15.5%，但同期社会消费品零售总额年平均增长率下降至8.66%；2020—2024年，电商零售额占同期社会消费品零售总额的平均比重为31.06%，同期社会消费品零售总额年平均增长率下降至5.6%。

从以上数字可以看出，电商与实体店之间的增减关系，即电商零售额占社会消费品零售总额的比重逐年在增加，而社会消费品零售总额的增长幅度却在逐年减少。当然，这其中也有实体店存在与消费需求不适应、效益不断下降的因素。新的经营模式的出现，新的经营主体的增加，要更加突出推进高质量发展，使其能更好地促进生产力发展，更充分地满足市场消费需求。

（五）基于经营成本的对比

社会上存在着一种说法：电商线上交易避开了中间环节，可以直供消费者，从而减少了中间环节和成本。这种说法既是一个认识上的误区，也是对消费者的误导。电商在沟通商品供求信息方面发挥了作用，但信息流不能替代物流。从交易方式上看，线上与线下是有差别的，但物流不会因为交易方式的不同而减少，只是物流方式有所不同。例如，某电商通过网上交易在某地订购了一批水果，从交易方式上看，非常高效，交易成本比较低，但从物流方式上看，这批水果无论是实体店还是电商，都必须用交通工具一步步将水果从产地运到消费地。电商会采取与实体店不同的物流模式，但无论是哪一种物流模式，都要看其是否能做到高效率、低成本，经营与消费需求是否相适应。所以不能简单地说，电商减少了中间成本。

1. **电商的经营环节分析**

绝大多数电商都是分散经营，并不是与消费需求形态相对应的。每个电商一般只经营某类（种）商品，并没有建立买方物流（自身供应链）的实力和条件，其供货也大多依靠中间商。在这里，中间商只是其中的一个环节。如果电商直接从厂家进货和发货，由于是单一商品物流缺乏规模，物流成本反而会提高，效率也会降低。

电商本身就是一个经营环节。单个电商在网上交易看似只是一个虚拟的交易过程，其实就像个体商店一样，经营规模虽然不大，但也需要一定的经营条件，如库房、设备、资金等。一些电商租用的房屋用于前置仓（即分拣、送货点）时，也需支付房租，而这些都是要计入经营成本的。这里还没有算上电商向网络平台购买流量的费用、支出的刷单成本等。

网络平台则是电商经营的又一个经营环节。实体店有房屋设施投资或房租,但其计入成本的方式较均衡、稳定;平台线上经营的电商虽然没有零售实体店的房产投资或房租成本,但有网络平台的各种运营费用,而这些同样要计入经营成本。随着网络经济的快速发展,平台收费越来越高。据了解,实体店的房租一般占营业收入的5%~8%,而有的平台收费则达到了电商营业收入的10%以上。

消费者在实体店是到店购物,一般是没有送货的,大都是将商品自行带回家。电商的经营是送货制,送货上门是又一个环节,与电商相伴而生的快递、外卖同样要使用工人,而人工的成本是在不断增加的,如外卖的送货费用约占送外卖金额的10%。尤其是闪送生鲜,由于客单价较低,送货成本有的要占到外卖金额的近20%。送货上门虽然方便了消费者,但这是有成本的。

由此看来,供货中间商—电商—平台—送货,电商的经营环节并没有减少,整个电商的运营成本还在不断地提高。那么,为什么还有许多消费者认为网上的东西便宜呢?

2. 电商价格"便宜"的原因

一是税收原因,电商的纳税额普遍少于实体店,成本低。

二是一些生产商在线上销售的竞争中站住脚,对线上经营的产品采取降低产品生产质量标准,实行产品低质低价的策略和办法。

三是有一些电商逃避监管,商品销售的价格比较低,甚至销售很多与其页面宣传不一致的商品,以次充好。

请记住这句商业格言:一分钱一分货,天上不会掉馅饼。

实体店与电商是两种不同的经营模式。电商的经营成本在不断上升,有的已逐渐超过线下实体店。在这种情况下,电商如要健康、可持续的发展,就要找到有效降低经营成本、提高经营效率、与消费需求形态相适应的途径和方法。同样,实体店如果合理地规划布局,加快调整发展,更好地适应消费需求变化,则会迎来新的发展。

(六)基于交易模式的对比

在实体店,消费者购买的特点是目的性、关联性、连带性购买多，交易次数少（消费者在超市一次购齐几天的生活用品），交易规模大（一次客单价较高），成本相对较低；线上交易的特点是单一的针对性购买，交易次数（下单、送货次数）多，交易规模小（客单价低），相对成本高。一般来说，交易成本与交易次数成正比，与交易规模成反比。线下连锁经营的超市所需商品一次配齐并送达，效率高，成本低；而线上的物流模式大多是单一品类送货，不能配送，资源不能共享，尤其是一对一闪送，成本较高。

近年来，电商开始大量进入生鲜经营领域，但这种线上经营并没有真正了解和把握消费者的消费习惯和购买特点，以及生鲜的经营规律。一些生鲜电商（即时零售）采取扩大经营范围的方式，由生鲜拓展到全品类以增加客单价，并扩大了前置仓。目前看，似乎初见成效，但这种模式可能会出现以下几个问题。

一是生鲜是消费者每天需要的，因此消费者购买的特点是希望生鲜天天送货上门，而其他商品却不一定是他们每天需要的，只是需要时再顺便与生鲜一起下单购买。因此，每天增加的单数和客单价的提高是否能达到电商的预期，还有待观察。线上的一次购齐与线下实体店的一次购齐也是不同的：线上的一次购齐针对性、目的性很强，需要什么买什么，而在线下，消费者除了目的性的购买以外，还会有一些随机性购买。逛商场往往就是这个效果。

二是向全品类拓展到一定程度，并与消费者的一般性、经常性消费需求相适应后，前置仓也要相应扩大到一定的面积。在这种情况下，前置仓实际上就转变成了一个超市。现在有些消费者图方便，便下单委托代购到超市购买商品，这样即时零售也就成为一个超市的代购，实际上这又回到了实体店零售的经营模式，只是前置仓失去了实体零售的机会。经常可以看到这样的情景，许多住在附近的消费者路过前置仓门前时，看到需要的商品想购买，而答复是："您必须先从网上下单，我们配好货后给您送去或您来取。"见此情况，消费者只得无奈地离去。

三是如果即时零售没有建立完整、强大的供应链，无法连锁化经营，因为扩大经营规模（如扩大前置仓，增加相应的设备）而增加的成本是难以消化的，毕竟拓展后的下单量和客单价能否持续增加尚不确定。由此可以看出，以消费需求为导向并构建与之相适应的实体业态形式，是适应、符合消费者消费（购买）规律的。电商如果不了解和掌握这个规律，仅靠互联网这个工具是难以搞好经营的。

（七）不同经营模式与消费模式之间的相互影响

消费理念对市场的影响属于软环境。消费需求的变化具有主动性、活跃性和超前性，消费理念和习惯一旦形成，就会形成消费惯性，并对消费需求产生十分重要的影响和引导作用。消费者出门不远就能到实体店买到日常生活用品，既能购物又能适当活动，与社会接触，这是一种健康、文明且经济（社会）成本较低的生活方式，也是一种有共识的消费理念和方式。电商在交易环节具有一定的便利性。电商为消费者提供了购物、消费上的便利是一个不争的事实，但这种便利也具有两面性：一方面，为消费者节省了一些时间，提供了方便；另一方面，也会使消费者陷入一种非健康的生活方式，如果这种便利性的需求被无限放大，则会使一些经营者和消费者片面地追求方便，发展懒人经济，处处享受方便，时时依赖方便。消费者一旦缺乏对消费的理性认识，就会产生被动的从众心理乃至惰性消费，使自己固定在某种消费方式上，不愿再尝试新的消费方式。我们可以设想，一个人如果足不出户，天天在家里点外卖，对他的身心健康、消费会带来什么样的后果？它会使社会上健康文明的生活方式被打乱。因此，电商带来的经济、社会等诸多问题，值得我们认真、深刻地思考。

实体店是消费者到店购物，互联网电商是送货到家，一个是到店，一个是到家，看似简单的一字之差，却是两种不同的消费理念，更是两种不同的消费和经营模式。消费者与商业经营者之间存在着信息不对称。消费者虽然有着强烈的消费欲望和需求，可以引导生产、经营围绕消费需求并不断与之相适应，但他们往往缺乏对商品或服务在质量、价格、功能、效果等方面的正确认识。消费者在这方面的劣势却是经营者的优势，他们可以利用自身的知识、经验、信息对消费者进行直接的、必要的、正确的宣传和引导，使消费者树立科学的消费理念，养成健康的消费习惯，从而建立一个良好的市场消费氛围。这样可以解决或缓解诸多经济、社会矛盾和问题，市场环境会得到很大的改善，消费者的利益也能得到保障。

据报道，某发达国家私家车发展过快，不仅导致交通拥堵、环境污染，而且长时间开车会严重损害驾驶员的身体健康。为此，几个协会联合做了一个社会调查，用充分、翔实的案例和数据说明一个人长期驾车对身体健康的影响，并提出了解决此问题的对策和建议。调查报告公布后，引起社会极大反响。人们纷纷改变出行方式，坐公交车、骑自行车、步行的人数大大增加，环境污染、交通拥堵的现象大大缓解，人们的健康水平也得到提高。

消费需求及其发展变化，引导着生产、经营与其不断相适应，从而得到了健康、快速的发展，而与消费需求不断相适应的科学的经营模式反过来又引导着消费需求。两者相互影响，相互作用。人的自然属性决定的消费需求不能超越和违背人的社会属性，个人的消费需求不能损害社会公众利益。概而言之，在人与自然和谐的生态环境中生活，符合正常的生活常态，也是广大人民群众对美好生活的需求和向往。

三、关于线上与线下相互融合的问题

从以上的分析可以看出，当前实体店和互联网电商在发展中，各自都遇到了一些困难和问题。有种观点认为，只有线上与线下相结合，实现两者的优势互补才是未来商业发展的方向，即运用互联网、大数据技术对商业流程进行改造升级，使线上与线下深度融合。当前市场上已推出线上与线下结合模式的超市，其主要特点是商品精选，环境布局新颖，经营模式有创新，线上与线下相结合。线上与线下相融合，这种认识似乎很符合逻辑，但在现实中，目前还很难见到真实的成功案例。线上与线下不仅是两种不同的消费理念，也是两种不同的经营模式，不能认为将线上与线下简单地相加、融合就能解决各自存在的问题，就是最佳的经营模式。那么，两者能否融合、如何融合？对线上与线下结合的经营模式分析如下。

（一）经营定位

线下经营是线上与线下结合经营的基础，因此，首先要做好线下的经营。一些线上与线下结合经营的超市上市伊始，就将经营定位在某一个消费群体，如20—40岁年龄段的消费者，认为这个年龄段的群体消费层次较高，消费意愿强，而且线上购物比较频繁，因此经营的商品档次应该更高，商品的价格也较高。简单来说，这些商家将到超市购物的购买者（"80后""90后"占比较大）作为实际的消费者，并以此作为经营定位的依据。

如前所述，社区超市满足的主要是一般性、经常性消费需求。不同的消费群体在一般性、经常性消费需求中具有同一性，可以兼容不同的消费群体，即不论男女老少人人需要、天天需要，且需求是刚性的，商圈是相对稳定的。同时，同一年龄段的消费群体因为收入水平、生活习惯不同，在消费上也有差异。在这种情况下，如果简单地按年龄段消费群体来给超市定位，不仅会将同一消费群体中收入差异较大的消费者排斥在外，同时也会将同一消费群体中其他年龄段的消费者排斥在外，结果是使在这个超市商圈里的一部分消费者流失。根据消费需求形态原理,这样的定位是不科学的,很难与消费需求相适应。

或许有的商家会说:"我经营的商品有特色,我的经营定位可以吸引商圈以外更多的同类消费者来购买,从而扩大我的商圈。"但问题是,超市消费者一般选择就近购买,不会经常花更多的时间舍近求远。不仅如此,在市场竞争激烈的条件下,某个商家的"经营特色"如果效果好,很快就会被竞争对手复制和效仿,很难拥有真正的竞争优势。商店经营者需充分认识和把握消费需求的规律,并按照这个规律来确定经营定位和经营方式。否则,消费需求不能得到满足,超市的效益也难以提高。

(二)对消费者购买行为的分析

消费者在超市购物结算后,即完成了经济学意义上的消费:货币回笼了,社会再生产新的循环周期可以开始了。与此同时,实际生活中的消费并没有真正地完成。在超市,商品的购买者与实际的消费者并不能等同,因为一般性、经常性需求在不同的消费者中具有同一性,可以兼容不同的消费群体。消费者到超市购物，购买的是家庭所需的商品，家庭中的所有成员才是最终的消费者。例如，在一个比较稳定的商圈内，到店的购买者在家庭中也在不断发生变化。因此，不能将到店购物的消费者作为最终的消费者并以此来确定商店的经营定位。对于商家而言，不仅要了解和掌握进店购物者的购物信息，还应对商圈内的所有实际消费者的消费需求有更全面、更深入的了解和掌握，并以此为依据来科学、全面、准确地给超市定位，同时组织好商品的经营。如果将超市简单地定位在购买者上，那么超市获得的有关数据，反映的只是到店购买者的数据信息，而不是超市商圈内消费需求实际应有的数据信息。特别是当购买者发生变化而购买的商品却没有发生变化时，如果仍然以购买者的信息来定位，就会出现信息失真。商家如以此作为超市定位的依据，将导致定位产生很大偏差，甚至会导致经营决策出现重大失误。

（三）超市的商品经营结构分析

线上与线下结合的超市突出了生鲜特别是海鲜的经营，并现场代加工堂食，以适应一些高消费人群，同时相应压缩、减少了其他一些商品的经营。这种商品经营结构需要注意的问题是，社区超市经营的商品是一般性、经常性消费需求，如果大量增加某些商品（如海鲜）的面积而压缩其他商品的经营面积，就会导致商品的经营结构失衡，出现商品类别之间不匹配和不适应的现象。

按照边际收益递减的规律，如果市场环境条件（竞争、商圈）不变，当投入的成本与经营收益相等时，继续扩大经营面积不仅难以增加经营收益，反而会增加经营成本。超市如果任意扩大生鲜经营面积，其结果是边际收益与超市的整体效益都会受到影响。

线上与线下结合的超市从市场定位来看，既不像超市，也不像食品专业店，定位模糊、不准确。导致这种状况的根本原因就在于商家不了解消费需求的规律。由于一般性、经常性商品的需求弹性比较小，消费较均衡，如果定位是超市，那么商品结构就要做较大的调整，要做到经常性需要的商品品类齐全，品种结构均衡、合理，可根据开店区域内消费者的构成特点，适当调整部分商品。如果定位是食品专业店,除了商品结构要做调整外,店铺选址和出店的数量、规模等也要做相应调整。

(四)融合的模式及效果分析

目前在市场上,这种线上与线下结合的超市由于定位不准确、经营结构不合理,线下经营部分销售不理想,效益难以提升,于是商家就将精力放在线上。据了解,有的超市线上部分的销售额已经超过线下,但依然没有达到预期。这样一来,线上与线下的销售额均没有达到预期目标,但投入成本却很高(超市卖场租金、经营设备等)。

有些超市(大卖场)经营不景气,但并没有从自身经营上找问题,而是盲目地发展线上经营(如推出即时零售)。这种经营模式可以解决消费者的即时需求问题,但消费者在线上与线下的购买方式是不同的。线下是一次购齐,客单价较高,而线上购买是即时购买,解决应急、即时需要,客单价一般较低。如果与线下部分分开,单独核算的话,线上即时零售是难以实现盈利的。如果线上即时零售部分占整个店的销售比重越大,则超市实体部分的盈利越是难以实现,即增长幅度越大,亏损可能越严重。因此，现在的线上与线下结合的经营模式并没有取得商家预想的效果，而是同一个店的线上与线下形成了竞争，从而进入一个恶性循环的自我竞争怪圈。如此发展下去，线上、线下都难以提高效益，融合也就没有意义了。

线下（超市）的经营定位准确，商品结构均衡合理，适应商圈内消费者的消费需求及购买习惯、特点，这是线上与线下结合的基础。换句话说，线上与线下的融合一定要以线下为主体，保证线下销售达到预期目标（实现盈利）。在此基础上，线上可作为一种方便消费者的辅助经营形式。超市开展的线上销售不能成为经营的主导，而是要按照市场规则经营，避免自身恶性竞争，这样才能达到预期的线上与线下结合的整体效益目标。

总之，任何事物的发展都有其内在规律，我们要认真、正确地认识和把握并按照规律办事，才能取得良好的效果。科学的经营模式是在科学理论指导下，通过实践建立的，而不是坐在屋里凭空想象出来的。这里没有什么捷径可走，无论经营主体是线上还是线下。

四、互联网大数据在商业中的运用

互联网大数据是通过对市场消费实际发生的各种数据进行专业化的处理，以精准预测相关趋势。互联网大数据是一种应用性的工具，必须与客观实体紧密、有效地融合，才能够客观真实、完整准确地反映客观实体的实际情况。

在运用互联网大数据时，要紧密结合自身实际，科学运用，切不可追求时尚，不求实效，以免事倍功半，得不偿失。当前，有些人认为现代商业如果没有互联网大数据，就是传统的、落后的。这种认识具有很大的偏差。互联网大数据就像是化学反应中的催化剂，其本身并不参与化学反应，但可以加快化学反应。前提是发生化学反应的物质必须是客观、真实、准确，符合规律要求的。否则，化学反应无法有效完成，而催化剂在其中也就失去应有的作用和意义了。也就是说，互联网大数据要在科学、正确地认识和把握实体经济运行发展规律的基础上为后者赋能，使其提高效率和效益。如果电商只了解掌握互联网大数据的知识却不了解掌握消费需求和与之相适应的商业经营的规律和知识，如何赋能？不仅如此，如果运用不当的话，很可能会适得其反。

当前，我国科技已进入一个快速发展的时期，商业的发展也要不断运用科技手段以提高自身的效率和效益，但前提必须是科学、有效的运用，不能认为增加了一些科技手段就是先进的，反之就是传统的、落后的，就对其予以轻视甚至否定。

第六章　农村商业发展现状及主要问题

长期以来，城市、农村实行不同的生产方式和管理模式，因此商业的发展阶段、模式也不同。农村商业之所以要单独来论述，理由也在于此。随着改革开放的不断深入，我国生产力快速发展，城乡一体化步伐不断加快，城乡商品流通和零售商业的统筹、并轨、一体化也迫在眉睫。

一、农副产品流通的发展现状

（一）农副产品的自然属性特征

农产品的生产受自然环境和科技水平的影响较大，生产周期长，一般需要几个月甚至更长时间，不能像工业品那样即产即得。

农副产品经过初级加工即进入流通，无附加

值，比较收益低，在市场竞争中始终处于弱势地位。

农副产品大多属鲜活产品，不易储存，在生产、流通过程中的损耗较大。

农副产品是消费者人人需要、天天需要的，关乎国计民生。

基于以上特性，农副产品生产易产生忽多忽少的现象，从而难以充分适应消费需求，对民生影响很大，如果仅靠市场的自发调节是难以实现供求平衡的。因此，对农副产品的生产和流通必须采取有针对性的特殊政策予以扶持和帮助。

（二）农副产品的生产和管理方式

当前，我国农业生产中存在着大量分散、小规模种植的农户，生产规模小，产量少，竞争力弱，收益低。

一些农产品生产者缺乏科学、完整的市场供求信息和对信息的分析判断能力，生产带有一定的盲目性，也缺乏产品的销售渠道和销售能力。

在一些山区和边远农村地区，道路交通和产品储存的基础设施建设仍需进一步加强及完善。

（三）农产品的流通模式

改革开放以来，我国农业的生产方式发生了很大变化。随着社会主义市场经济的建立，市场（包括购销渠道）逐步放开，农副产品的流通速度、效率都大大提高。当前，国家粮食储备收购以外的农副产品，主要是由市场化的民企进行收购和组织流通。

在农产品的流通过程中，一些中间商从其自身效益考虑，大多希望农产品产量少一些，价格高一些，这样商品好卖且商品流通的费用率低，利润高；而产量高，商品多了，就会不好卖且容易损失，致使商品收购价格低，而商品流通的费用率会大大提高，导致其利润下降，甚至难以盈利。

例如，收购1万斤水果，每斤5元，价值共5万元，运费2000元，则运费占销售收入的比例，即费用率为4%；如果收购价每斤1元，价值共1万元，但运费不会变，仍为2000元，则运费的费用率为20%，这就难以盈利了。

一般来说，农副产品的价格（价值）与运输成本成反比。因此，为了保证自身利益，一些中间商会减少收购，以维持市场较高的零售价格。这样一来，往往会导致一边是农产品滞销，低价也卖不出去，而另一边则是农产品市场零售价格居高不下。例如，2019年国家级新闻媒体报道海南生产的芒果积压，产地一元钱一斤也没人收。与此同时，北方大城市的海南芒果的市场零售价却在每斤15元以上。

为了避免出现这种状况，农产品生产者开始通过各种形式进行自销。但是，实践证明家庭小规模的农业生产者缺乏流通渠道和销售能力，无法高效率、低成本地组织商品流通。农产品生产者自销模式（包括依靠社会的帮助）只能部分缓解农产品滞销的难题，并不能从根本上解决农产品销售难的问题。那么电商介入农产品流通能解决问题吗？

由于网络平台上的商家大都是各自经营，平台和商家与生产者并非稳定的合作关系，也很难形成完整的供应链。在这种情况下，只能是生产者在网络平台上直接与消费者交易。网络平台（直播）只是帮助生产者提供了一个传递供求信息和交易的平台（平台也有成本），消费者通过信息流可以及时地了解到商品的供求信息并完成交易。需要明确的是，信息流不能代替物流，因此尽管农产品在网上销售完成了交易，但最终还是要靠生产者自办销售商品的物流。由此可见，一个生产者原来只对收购商可以一次将所生产的产品卖出，而自销则将面对诸多分散的消费者，其交易方式必然是交易次数多，交易规模小，物流成本反而大大提高。如从甲地往乙地运送1万斤水果，收购商可以一车一次运走。而若生产者通过网络直接面对消费者，如每个消费者购买了100斤，则生产者的1万斤水果要交易、发货100次，这样，交易的效率会降低，成本会提高。

据了解，近些年来，发送快递的件数增长较快，但快件的总数（重）量、总金额却慢于件数的增长。据有关部门发布的数据，2023年我国快递业务量累计完成1320.7亿件，同比增长19.4%，而2023年全国商贸物流总额为126.1万亿元，同比仅增长了5%。例如，某地农民网上销售大桃，直接对100个消费者销售1万斤桃，虽然发货件数统计上增加了99件，但1万斤的交易数量没变，且分散、个别发货占用了大量的运输资源，使运输成本大大提高。销售大桃交易价格每斤5元，而直接给消费者发货，则运输费用每斤也要5元。因此，只有少数在市场上具有一定知名度和垄断地位的名优商品，能够通过自销方式获取比较好的效益。

总体而言，依靠生产者个人自行组织农产品流通的模式不具有普遍性，也是不可持续的。特别是像蔬菜、水果这样不耐储存的商品，除了在产地周边的一些自产自销外，生产者基本上没有大规模、跨区域的自销能力。此外，农产品依靠生产者自销，也不符合社会化分工的规律和要求。在这种情况下，就需要宏观调控这只有形的手发挥作用。因此，最终解决问题的办法还是要正确地认识和把握消费需求以及与之相适应的商品流通的规律，建立起一个科学、高效、低价的商品流通模式。

我们应当学习和借鉴一些发达国家的农产品流通合作模式。例如，欧洲、日本的流通企业（协会）与农业生产者共同组成农业合作社，为农民农产品的生产和销售提供有效的帮助,取得了很好的效果。

二、农村地区零售商业的发展现状及问题

农村(自然村)生活方式的特点是分散、小集群模式。由于农民居住的分散性,加之交通不便,当经济发展水平和消费水平较低时,农村地区的商品供应受到很大限制,购买量小,一个自然村设置一个小商店即可满足村民的基本消费需求,商家也可以维持基本的经营和效益。随着经济的发展,农村原有的小商店经营与经济、市场的发展已不相适应,竞争力大减,因此纷纷倒闭或转行,退出了零售行业。

由于农村的特殊环境和条件的制约,农村特别是自然村的商业经营效益低,面临较大的困难。如果仅按照市场经济的一般规则自发地调节,大多数商店难以维持经营。因此农村市场不能简单地按一般的市场规则来办,而必须通过一般性与特殊性相结合的方式来经营,并给予相应的政策扶持。

要结合我国的国情和农村的实际,特别是农村

的人口结构发生变化,消费也会发生相应变化的实际,在充分调查研究的基础上,尽快制定农村的商业发展规划并提出有效的措施、办法,与时俱进,改革创新,不断适应和满足农村居民的消费需求。

第七章　拉动消费路径分析

消费是促进经济发展的重要途径和手段，而商业在拉动消费中的作用举足轻重。

一、影响消费的主要因素

从发展的角度看，消费是经济发展中的关键因素。生产出来的产品只有尽快消费了，新的经济发展的循环周期才能重新开始，市场的供求才能实现基本平衡。

前面已经分析过影响消费的主要因素是消费者的消费能力和消费意愿。通俗地讲，就是消费者既有能力消费，也愿意消费。

（一）关于消费能力不足的问题

从消费能力与消费意愿的相互作用与关系来

讲，影响消费的主要因素是消费者的收入水平，即消费能力是影响消费的根本性、决定性因素。有了一定的收入水平、物质基础，人们才会有敢消费、能消费、愿意消费的基础和前提。

提高人们的消费能力及收入水平，受经济发展的形势、环境，就业、收入、分配等诸多因素的影响。收入水平的提高是由经济的发展和对市场、社会的调控来决定的，商业经营本身并不能起很大的作用。商业在经营中也有打折、降价让利等促销方式，实际上也是在一定程度上变相提高了人们的收入水平，但方法、数量、范围有限，因而拉动消费的效果也不是很明显。

收入水平的提高是一个阶段性的渐进过程。收入水平提高后，一般会稳定一个时期，并逐步转化为消费能力，但这需要一个过程，因而难以解决拉动消费的即时性问题，难以起到立竿见影的效果。因此在消费者消费水平一定的情况下，即收入处于稳定期时，激发消费者的消费意愿则成为拉动消费的关键因素。

有一种观点认为，拉动消费的关键还是要增加收入，消费者手里有钱了谁会不愿意去消费？从收入水平是影响消费的根本性、决定性因素的角度来讲，这种说法是有道理的。但有一个缺陷，就是只讲了消费能力而没有讲消费意愿。消费能力与消费意愿是紧密联系的，但二者并不能画等号，也不能将两者分离。

如何正确地认识消费能力与消费意愿之间的关系，对于促进、满足消费需求有着十分重要的意义。

（二）关于消费不满足问题

一般而言，消费者的收入水平在一段时期内是相对比较稳定的。那么在消费者的收入处于相对的稳定期，即当消费者的消费水平一定时，增加消费者的消费意愿就成为拉动消费的关键因素和主要方法。当市场出现消费不足时，除了消费能力不足的原因，消费意愿不强也是重要原因之一。质言之，如果不解决消费意愿问题，即使收入水平提高了，消费的目标也难以真正实现。

1. 影响消费意愿的因素

我们这里说的影响消费意愿的因素，主要指的是在收入水平一定（稳定期）的情况下的影响因素，不包括收入的因素。具体来说，一般有以下几个方面的因素。

一是社会保障制度。有完善的社会保障制度，人们在消费时便没有后顾之忧。一些发达国家的消费力之所以高于我国很多，社会保障制度相对完善是主要原因之一。因此，要提高消费力，就要不断提高社会保障水平，完善社会保障制度。

二是消费观念。发达国家的消费者普遍愿意消费，及时行乐是很多人的消费观念。与之相比，我国的消费者，特别是一些老年人喜欢攒钱，不舍得消费。

三是消费信心。消费者对经济前景的乐观或悲观情绪直接影响其消费意愿：信心增强时，消费者更愿意进行大额消费；信心不足时，消费趋于保守。

此外，消费者对未来的预期也对消费意愿有着很大的影响。消费者对未来收入、物价、就业等的预期会影响当前的消费行为。如果预期未来经济状况良好，消费者可能会提前增加消费；反之，则可能会减少消费。

2. 消费不满足的问题

在收入水平处于相对稳定期时,消费意愿就成为影响消费的决定性因素。此时的消费意愿分为以下两个方面。

一是消费者有一定的收入水平和消费条件,但因消费理念等原因不愿更多地消费,市场呈现出消费意愿不强、消费不足的问题,因此,就要采取一些办法、手段(如实施价格补贴、发放消费券等)来刺激和拉动消费。此时,通过采取一些有针对性的措施去拉动消费,是可以起到一些立竿见影的效果的。

二是消费者有一定的消费能力,也有消费意愿,但在市场上找不到合适的商品,这就是因消费者的消费需求得不到满足而出现的市场消费不足的问题。

有一种观点认为,现在市场上供过于求,商品都卖不出去,因此商品供应不是主要矛盾,主要矛盾是增加消费者的收入,以便他们去消费市场上的商品和服务。其实,当前市场上的情况是相对过剩而不是绝对过剩,是结构性矛盾,即一方面有些商品供过于求,另一方面则有一些商品供不应求。也就是说,市场上供过于求与供不应求是并存的。因此,应当认真思考和研究消费不满足的具体情况,而不能一概而论。

从长期的实践来看,消费并非是靠拉动来实现增长的,而是通过不断满足消费需求来实现增长的。消费不足与消费不满足的问题是并存的。

从商业经营的角度看,拉动消费和满足消费是两种不同的经营理念和思维模式。拉动消费往往只注重存量(现有的商品)需求和如何促销,因此商业的经营者就会盯着眼前的商品,考虑如何把这些商品尽快推销出去,但这只是一种权宜之计,其出发点和最终的结果都有一定的局限性。满足消费则是根据消费需求及变化,通过自身的努力经营,不断地为市场提供新的、优质的有效供给,与不断发展变化的消费需求相适应,使市场的潜在增量需求及时转化为消费。换句话说,就是盯着眼前的消费需求(潜在增量需求),并考虑如何去满足它。这是两种不同的经营理念和思维方式,其结果也必然是不同的。

我们要改变思维模式，变拉动消费为满足消费，才不至于当市场不景气、消费不足时，经营者感到束手无策或总是在思考如何促销的问题。

激发消费者的消费意愿，增加消费，就是要根据市场的消费需求及其发展变化，不断为市场提供新的有效供给，使消费者得到真正的实惠，满足消费者日益增长和变化的消费需求，这样才能真正解决消费不满足的问题。

当市场出现需求不足时，我们既要努力采取措施拉动消费，同时也要认真地思考和研究如何根据市场的消费需求去调整生产和经营结构，以更好地适应消费需求。实践表明，经济下行时期，恰恰是调整的有利时期。这时调整成本相对较低，通过调整可以使自身的生产和经营与消费需求更加相适应。从拉动消费的效果来看，只有推动生产不断调整、改进、创新，才能为市场提供新的、优质的、有效的供给。同时，商业要有针对性地组织好商品经营，这样才能更好地满足市场的消费需求。商业作为连接生产与消费的桥梁与纽带，在这方面具有得天独厚的优势,也是职能所在,应当也可以有更大的作为。

拉动消费需求不能仅仅在促销、推销,特别是打折降价、做广告上下功夫,而是要在正确地认识和把握消费需求地变化发展规律,不断增加市场的有效供给,与消费需求相适应上下功夫,从而使商业在促进生产,满足消费的作用上得到充分、有效的发挥。这样做也能使市场实现良性的竞争,并促进经济健康、快速、可持续、高质量的发展。

从以上分析可以看出,当我们在市场上看到消费不足的现象时,其深层原因往往是有效供给不足,使需求得不到满足,而需求上表现出的问题,主要还是供给的问题。因此,解决消费问题要从供给入手。当市场能够不断地提供、增加有效供给,不断地与消费需求相适应时,消费需求才能得到满足。供给侧结构性改革的必要性就在于此。

由于地域差异的原因,一些商品在某个地区(店)是潜在存量需求,而在另一个地区(店)则可能是潜在增量需求。例如,某餐馆经营淮扬菜,菜品质量佳、口味好,很受周边单位和居民的欢迎。

但时间长了，消费者也会出现缺乏新意，吃腻了的感觉。该餐馆决定每周推出几个不同风味的菜品，常年轮换，即以淮扬菜为基础（潜在存量需求），每周推出几个不同的风味菜（潜在增量需求）。这样一来，该餐馆通过存量与增量的结合，收到了非常好的效果，其经营和效益也一直比较稳定。与此类似，商品流通的一大作用，就是将异地（店）的存量需求转变为此地（店）的增量需求。香港之所以能成为世界贸易中心，其主要原因之一，就在于其能将世界各地新出产的名优商品及时、不断地组织到香港上市，从而能不断地吸引大量消费者到香港购物消费。

商业作为供给侧的一个重要环节，在高效连接生产与消费、形成完整供应链方面，具有独特的优势。因此，注重从供给入手解决消费问题，不断将潜在增量需求转化为消费，不仅能有效地拉动消费，还能推动市场创新和良性竞争，增加市场活力，促进经济的健康、快速、高质量发展。

解决消费问题要从供给入手，而解决供给问题又要依靠消费的引导，这就要正确地把握消费与需求之间的辩证关系。从这个角度来看,商业应当也能够在两者之间起到至关重要的桥梁和纽带作用,以解决消费不满足的问题。

二、增强商业经营能力的思考

(一)提高商业经营能力

有人会说,既然市场有效供给不足,消费需求不能得到满足,那么,商业多组织一些适销对路的商品不就解决这个问题了吗?问题恰恰出在这里。

在现实中,有些商业企业就是因为缺乏对消费需求及变化规律的认识和科学的经营管理能力,所以根本不能充分地发挥商业在促进生产、满足消费需求的作用,无法为市场提供更多的、优质的有效供给,也就难以去满足消费需求。因此,要尽快提升经营者的经营能力。

提高经营能力,其实就是要回答和解决好两个基本问题:经营什么?怎么经营?其中,解决好第一个问题的关键是搞好开店的经营定位。这是开店时必须做好的关键工作。

1. 开店的经营定位应考虑的因素

一是确定消费需求形态定位。经营什么，首要的根据就是消费需求形态，就是拟开店的地方面临的是何种消费需求。例如，在一般居民社区开店，首先考虑的就是消费者的一般性、经常性消费需求，那么与此消费需求形态相对应的就是社区超市。超市经营的商品前面已经做过说明，这里不再赘述。

二是研究规划。定位除了要看现有的消费需求，还要通过地区规划，考虑未来发展的消费需求及其变化。商家可以此为依据，增加不同的消费需求形态及相应的商业设施。

三是选址。不同的消费需求形态，开店的选址是不同的：超市一般选址在社区，专业店一般选址在各类商业街和购物中心内，百货店、专卖店选址在繁华商业街和大型购物中心内。但是，不论选址在哪里，都要考虑交通的便利，有较充足的停车位。

四是规模。开一个单店，规模大小取决于该地区消费者的数量构成，消费者的消费水平、特点，同时还要考虑自身的资金、经营管理能力等因素。

五是竞争对手的经营状况。要了解、判断在拟开店的商圈内有无竞争对手，其经营状况如何。开店要在充分了解掌握竞争对手经营状况的基础上进行决策，并以此为依据，调整开店的规模和商品的结构。

2. 商业企业的经营现状

随着经济的快速发展，我国的市场经营主体的数量、规模发展很快，但商业企业特别是一些中小单店经营的企业，对消费需求以及与之相适应的经营模式的规律缺乏正确的认识和把握，经营能力跟不上经济的快速发展，企业的生存周期较短。

例如，某大学的大学生公寓下有一家约100平方米的小超市，经营学生日常需要的一些必需品。经了解，该店的主要负责人虽有多年的超市工作经历，但并没有真正掌握正确的经营方法。他将该超市按便利店定位，导致效益不佳。该超市每天的营业额仅为2000～3000元，最高时不超过5000元，亏损严重。经过帮助，他根据消费需求形态，明确了小型超市的经营定位，对商品结构进行了调整，淘汰了一些不适合的商品，增加了一些适应消费需求的新商品。调整后，该超市的每日营业额都超万元，最高时超过2万元。

通过这个例子，可以看出该超市的销售额低不是消费不足，而是消费不满足，经营定位不准确，经营者的能力不足。而经过调整，经营适应了消费需求，消费就上来了，效益自然也就提高了。所以，消费不足与消费不满足有关，而消费不满足与经营者能力不足有关。

能否满足消费者的消费意愿，将消费需求不断地转化为消费，其关键是要提高经营者的经营管理能力，而提高经营管理能力的关键在于经营者能够正确地认识和把握消费需求的规律，从而建立起与之相适应的科学的经营模式和营销方法。

一些经营者容易跟风，将开办的各种商店的经营定位和主要注意力仅放在年轻人（"90后""00后"）身上，认为这些年轻人消费意愿强，舍得花钱。这种想法看似有道理，其实不然。

年轻一族的消费者虽然消费意愿强，但他们的收入并不高，消费能力不是很强，因此在消费引导时，应提倡健康、理智消费，避免出现大量的月光族、啃老族，甚至出现被消费贷绑架的现象。

与之相反，我们应更加重视那些消费能力强，但相对消费意愿比较理智的中老年消费者。如何更有效地激发他们的消费意愿，满足他们的消费需求，需要有更多的思考。在一些发达国家，中老年人的消费普遍高于年轻人。因为他们大多有稳定的收入，没有经济负担，消费能力比较强。因此，我们经常可以看到一些老年人身穿华丽时装，开着豪车，出国旅游，进公园，下餐馆。虽然国情有所不同，消费观念也有所差异，但我国中老年人的消费观念在不断改变，消费能力、意愿的不断提高已是必然趋势且已在现实中展现出来了。如何满足中老年人的消费需求，如何发展银发经济，这个问题不能忽视。老年消费这篇文章应该也值得做好。

商业应当引导消费者健康、理性、均衡消费，而不是一味地跟着感觉走。特别需要注意的一点是，近年来，我国年轻人已不再盲目地崇拜国外品牌，消费更加理智了。这既是消费需求变化的一大现象，也是一个必然趋势。

如果将开店的经营定位在年轻的消费者，那么就要注意消费需求形态的变化。定位在部分消费群体，即属于特殊性需求，在商店的选址、经营和商品结构以及开店的规模都要按照特殊性需求（专业店）的要求来进行选择和定位，否则，就会出现定位偏差，经营失误。

拉动消费不能只盯着某些消费群体或某些商品，因为一般性、经常性消费需求是广大消费者人人需要、天天需要的最基本需求。它既是消费需求的主体，也是拉动消费的基本盘。因此，满足消费需求首先要充分满足消费者的基本生活需求。这样不仅能提升广大人民群众生活的满足感和幸福感，而且关系到市场的稳定和社会的和谐。从我国的消费构成状况来看，大多数消费者可以在很长一段时间内没有奢侈性消费，但基本日常生活用品的需求一日不可少。特别是在发生疫情等特殊市场环境下，这种现象表现得尤为突出。因此，如何充分满足消费者的基本生活需求，是一篇必须做足、做好的大文章。

近些年来，大城市的百货店普遍不景气，营业收入、效益持续下滑，但北京的SKP百货店2020年的销售额仍保持了15%的增长，达到177亿元，居全球单店第一。SKP百货店之所以能取得如此亮眼的成绩，主要原因在于以下几个方面。

一是始终集中了大量的世界名牌产品，从而吸引了众多消费者，特别是满足了消费者对名牌奢侈品的需求。

二是除了引进销售很稳定的大品牌外（出租场地联营模式），店里还根据市场的供需情况，通过自营模式及时地组织新上市的优质品牌，不断为市场提供新的有效供给。加之其供应链完整强大，保障了货源的供应及时、充足，这样就更加丰富了店内的品牌商品，从而极大地刺激和适应了消费者的消费意愿，满足了消费需求。

三是这些优质的商品兼顾了老、中、青等各层次的消费者，而不是仅针对某一个消费群体，从而提高了整体消费。

四是该店有一个强有力、高水平的经营管理团队。在SKP百货店里，看不到各种打折促销活动，而是经常可以看到新的、优质的供给（商品）不断出现。消费者在这里不仅可以买到称心如意的优质商品，而且可以享受到舒适的环境和优质的服务。

从SKP百货店的经营中，我们可以清晰地看出他们是如何满足消费需求的。他们紧紧围绕消费需求，以正确的经营定位和先进的经营理念、模式和方法取得了非凡的业绩，值得我们很好地思考和借鉴。

近来，河南的胖东来超市火爆"出圈"，经常出现消费者爆满，购物要排队等待的现象，其主要经营特点有三。一是商品质量好。超市对商品进货有一套十分严格的管理制度，且其经营的商品中有大量的自有品牌，确保商品质量优良，不出问题且价格合理，确保消费者的利益不受损害。二是服务到位。超市为消费者提供了全方位的优质服务，令消费者有宾至如归的感觉。三是经营能力强。企业在管理上有自己独特的企业文化，特别注重以人为本，切实维护员工的合法权益，给予员工优厚的待遇，充分调动员工的积极性，因为再好的思路、决策也是要通过员工团队的共同努力来实现的。

业界对此现象评论不一，有些人质疑胖东来超市的经验做法是否具有普遍意义,可否普遍推广。这个问题尚可继续地研究和探讨,但胖东来的爆火至少给了我们很多的启示。

一个企业,只要你的商品好,价格合理,服务周到,能够满足消费者的需要,消费者就会主动上门消费,而不是靠企业刻意地去促销、拉消费;只要坚持以人为本,充分调动广大员工的积极性,就能使企业的各项决策、工作目标落到实处,取得好的效益;只要根据消费需求的发展和变化,充分发挥商业自身的优势,为市场不断增加新的有效供给,就能不断地激发消费者的消费意愿,扩大销售,满足消费需求。还是那句话:拉动消费的目标是要不断满足消费需求,努力实现市场的供求平衡。

(二)商业企业的供应链应加强与完善

看一个企业的经营水平,很重要的一点就是要看这个企业的供应链是否完整顺畅。不少商业企业的经营结构、商品结构、经营模式之所以与消费需求不相适应,经营管理水平难以提高,其中一个很重要的原因就是没有建立一个完整、有效的供应链。特别是那些非连锁化经营的企业和大多数中小零售企业，大多是单店经营，没有自身完整的供应链，而是主要靠单（几）类商品的批发模式供货，进货的品种、数量有限，在进货成本和效率方面没有优势，难以获得优质名牌商品的货源。这样一来，它们不仅在竞争中处于劣势，也难以为拉动满足消费作出更大的贡献。

建立一个科学有效的经营模式，其关键就是要建立并完善自身的供应链。一个完整、优质的供应链，是企业的核心竞争力，不但能使企业自身经营成本降低，效益提高，而且能降低整个社会的物流成本。要建立一个完整、优质的供应链，就必须正确地认识和把握消费需求的规律以及与之相适应的商业经营模式。换言之，就是商业的经营和商品的生产、流通都要以消费需求为导向，与不断发展变化的消费需求充分相适应。

当前，我国商业企业的供应链建设总体上还相对比较薄弱，亟待加强。大多数企业，特别是中小企业的供应链呈分散化、碎片化，导致企业的经营水平和效益难以提高，无法实现健康、高质量的发展。

供应链的建立和完善,既有企业自身经营管理能力不足的问题,也有客观环境的影响和制约,如有些资源被分割难以共享,一些旧体制形成的资产管理模式需要进行重组,等等。这些问题并不是仅靠市场机制或企业自身就能解决的,而是需要管理部门根据经济发展的实际情况,加以引导、统筹、协调和推进。

(三)商业企业的竞争力问题

经营管理能力决定了企业的竞争能力。我国的商业企业,特别是一些中小企业的生命周期较短。随着我国市场的日益开放,大量外资企业进入中国,对不少国内商业企业造成了不小的冲击。究其原因,就是国内商业企业的竞争能力还有待加强。

商业企业竞争能力主要体现在知己知彼两个方面。知己,就是知道自己是不是正确地认识和把握了消费需求的规律,是不是已经走在了科学、健康的发展轨道上,商业企业自身的经营管理能力是否强大。知彼,就是了解和掌握商圈内竞争对手的优势、弱势和问题,经过分析对比后,能够有针对性地提出有比较优势的经营管理方案。

有些商业企业不断地投资开店，提出新的口号，建立新的经营模式，自我感觉良好，但最终还是难以达到预期目标、取得良好效果，归根结底，还是因为缺乏对自身能力和竞争对手的认识和了解。

知彼首先要知己，知己才能知彼。手中有了金刚钻，才能揽那瓷器活，自己的能力强了，心中就有了一把尺子，才能经过相互之间的对比，衡量出自己与竞争对手之间的差距和优劣，才能有针对性地制定正确的经营策略和经营方式，在竞争中取得主动并最终战胜竞争对手。"知己知彼，百战不殆"，说的就是这个道理。

例如，国外某大型商业企业曾到我国某城市考察开店，先到某个地区考察后，说不在这个地区开店了，因为这个地区已有的商店经营水平很高，在这里开店无法保证能竞争得过它们。到另外一个地区考察后，该企业提出要在这个地区的一些区域开店。有关人员认为准备开店的这些区域已经有几座较大的商场了，该企业负责人却说："这几个商场我都看了，我若在此地开店一定能竞争得过它们。"该企业在这些区域的店开业后，另外那几家店不久便因客流大幅减少，只能改行。

由此可见，一个商业企业能看到自己的优势和竞争对手的弱点，并能有针对性地充分发挥自己的优势，这样在竞争中就会立于不败之地。

（四）科学的商业经济理论指导是商业企业经营能力不断提高，并确保商业高质量发展的必要条件和关键因素

从上述分析可以看出，商业企业的经营与发展之所以难以与消费需求相适应，其中一个主要的原因就是缺乏科学的商业经济理论的指导，使商业企业的经营管理水平难以提高。

改革开放以来，我国的经济快速发展，市场上的经营主体——商业企业发展迅猛。与此同时，市场消费需求也在不断发展变化，但不论如何发展变化，都是有规律可循的。只要正确地认识和把握了消费需求的发展变化以及与之相适应的经营模式的规律，就能在商业经营中得心应手，应对自如，取得好的效益，从而走上高质量发展之路。因此，商业高质量发展必须有科学的理论指导，而科学的商业经济理论研究与发展也必须与经济、市场的快速发展相适应。

商业经济理论，既要研究消费需求、商品流通、经营中固有的内在规律，也要动态地研究具体的商业经营模式和经营方法。特别是对后者的研究，一定要结合中国的国情。在我国的商业发展中，经常可以听到一些古老的商业格言。例如，"酒香不怕巷子深"其实就是说明了商品质量是商业经营的首要竞争力；"一步差三市"反映了开店时如何选址对效益的影响；"一分钱一分货"则说明了商品的质量、价格与价值之间的关系。这些商业格言看似简单、通俗，但却深刻地反映了对事物的规律性认识。生活化色彩浓厚，应用性强，这是我国传统商业经济理论的一大特点。

20世纪90年代，我国高等教育系统从西方发达国家引进了市场营销学，替代了以前的商业经济学学科地位。由于国情不同，特别是消费水平，消费需求的理念、习惯，以及商业经营模式、市场环境等方面的成熟度均存在较大差异，市场营销学与我

177

国的商业经济学在研究对象、研究方法、研究内容等方面也存在一些差异。

发达国家的中产阶层占比较高,消费层次的差距不是很明显,消费需求形态较成熟、稳定,消费相对比较理性,商品流通经营模式与之也比较适应,因此,通过有效的营销,增加消费者的消费意愿显得更为重要。我国消费者的消费层次、差距较明显,且不同的消费群体在消费观念、方式上也存在不小的差异,消费也比较感性,同时在商品流通、经营方式上也有较大差异。特别是我国从计划经济向市场经济转变的过程中,快速的发展转型,使市场上存在较多且复杂的不确定因素。因此,我国的商业经济理论要在复杂多变的市场条件下,去深入研究消费需求内在的基本规律以及与之相适应的商品流通、商业经营的规律和模式,即要以消费需求为导向,深入研究如何提高流通效率,降低流通成本,使商业实现高效健康、稳定的运营。只有这样,才能增强商业的发展动能,形成自身的核心竞争力,从而使商业步入高质量发展轨道,真正地发挥其促进生产、满足消费的桥梁纽带作用。

从这个意义上讲，西方发达国家的市场营销理论虽然对我国商业的发展具有一定的借鉴和指导意义，但我国商业的发展更要结合中国的国情和客观实际，努力探索研究并建立一套符合中国国情的、科学系统的商业经济理论体系，并以此为指导，实现商业高质量发展。为了实现这个目标，我们还需要付出艰辛的努力。

商业在发挥拉动消费的作用方面，要在充分满足一般性、经常性消费需求的基础上，不断满足消费者多元化、品质化、时尚化的消费需求。这也是消费升级和建设消费城市的目标、路径和最终结果。而要做到这一点，应当在科学的商业经济理论的指导下，使商业经营者正确地认识和把握消费需求以及与之相适应的商业经营模式的内在规律，从而切实提高自身的经营管理水平，这样才能不断为市场增加新的有效供给，充分满足消费需求，同时也能提高商业企业的效益。

促进消费的不断增长不是靠一招一式或者几个促销活动就能解决的，不可能一蹴而就。解决消费问题是一个系统工程，必须从我国的国情出发，切实掌握市场经济发展的规律和正确有效的方法，以改革的精神统筹推进并逐步深入。

三、营销问题

在商业经营活动中，正确的营销是满足（拉动）消费的一个主要方法。营销有多种方式、方法，但在营销中要始终牢牢地把握好三个基本要素，即商品、价格和服务。这三个基本要素与消费者的消费需求联系得最紧密，对营销的效果起着十分重要的作用。

（一）商品

营销中的商品要分两个层次来理解。

一是任何一种消费行为，首先是对商品的需要。消费者需要商品才会去购买，商业上讲的适销对路，就是这个意思。市场上出现的供过于求，并不完全是消费不足，而是有一定程度的商品不适销对路。

在这种情况下，会出现一种看似矛盾的景象：一方面，一些商品卖不动；另一方面，消费者买不到自己需要的商品（服务），只能持币待购。

商品的适销对路在市场上应该是一种常态，即商品和经营模式总是要与消费者不断发展变化的消费需求相适应，这就要求商品的生产者、经营者要以消费需求为导向，不断开拓、创新，增加市场上的有效供给，以满足消费者不断发展变化的消费需求。

二是消费者对商品质量的要求始终是首要、核心的因素。因为商品质量决定消费的目的和消费的安全，直接影响到消费者的消费意愿和利益，对消费的影响最大。

随着经济的发展，人们的生活水平日益提高，商品质量的内涵更加丰富，更能适应消费需求的发展变化。例如，人们对商品的材质、制作工艺、营养、卫生、环保等因素越来越关注，对质量的要求越来越高。如果生产者、经营者不能保证商品的质量，势必导致市场的恶性竞争，市场秩序、环境混乱，消费者利益受损。因此，商品的生产者、经营者在商品的生产和经营活动中必须牢牢树立"质量第一"的意识。

新时代，我国在质量强国战略和品牌强国工程的引导下，产品质量有了很大的提高，一些优质的、具有自主知识产权的民族品牌在市场上不断涌现。商业零售是商品面对消费者的最后一道关口，作为零售业的经营者售出的商品理应都是优质或合格的。保证商品质量，就是保障消费者的利益，就是保障经济的健康发展。不断提高商品的质量标准，相应地也会使价格逐步提高，这是经济发展的一种必然趋势，而由于不良竞争等因素引起的一些产品低质、商品低价、消费低水平的市场现象是不符合经济和市场的发展规律的，也是不可持续的。我们通常所说的商品力，指的就是商品的适销和优质，这也是检验一个商业企业的经营是否与消费需求相适应的一个重要标志。

（二）价格

价格对调节供求关系、拉动消费有着重要的作用。在市场竞争中，同一种（类）商品质量相同，就比价格；价格相同，就比质量。当前市场上商家的竞争主要就是围绕着价格的竞争，这也是营销的重要手段。

价格竞争本质上是成本竞争，即通过科学的经营管理，降低企业的经营成本，从而获取价格竞争的优势。应当支持、帮助和鼓励商业的经营者要在改进经营管理，努力降低经营成本特别是在供应链的建设上下功夫，而不是在价格上做文章、玩游戏，甚至用虚假的价格信息进行营销，诱导消费者。

有的企业为了保持自身的竞争优势，不提高商品价格，而是采取对商品降质减量的办法。这种行为既损害消费者利益，也使企业自身无法可持续、高质量发展。因此，是否能够科学有效地降低经营成本，并在此基础上利用价格优势进行营销，可以反映出一个商业企业的经营管理水平。

应当推动商业企业正确地认识和把握经济发展规律，建立科学的经营模式，步入科学的发展轨道，通过科学的管理，努力降低经营成本，从而降低商品价格，并以此取得竞争的优势，取得更好的效益。通过降低经营成本和价格来竞争，有利于促进商业经营者经营管理水平、竞争力及效益的不断提高，使市场进入良性竞争的环境，也有利于消费者的消费需求得到满足，利益得到保障。

（三）服务

在质量、价格一定的情况下，服务水平对商业企业的竞争力起到了十分重要的作用。服务主要是指商业服务设施的完备、服务人员的素质，以及在经营、服务过程中满足消费者各方面需求的水平，涵盖了商品（服务）经营中满足消费需求的售前、售中和售后的全过程。

在生产力快速发展、消费需求不断变化和社会法治信用制度不断完善的情况下，企业在经营过程中的服务水平就显得尤为重要。经营人员的素质和服务水平，对在商店内顺利地完成商品交易、增加销售，对企业在消费者心目中的形象、信用、美誉度乃至于经济效益的提高都有十分重要的影响。

要正确理解和把握服务的内涵，不能将商业经营中的服务简单地理解为主动、热情，不能主观地想象和确定企业的服务方式，而是要正确地认识和把握消费者的消费心理、习惯、需求。

经营人员在提供服务的过程中，要以消费需求为导向，提供的服务与消费者的消费需求相适应，使消费者在消费过程中始终心情愉悦，遇到各种问题时，能够妥善合理地解决。服务不到位或过度都会对消费者的消费产生不利影响。只有恰到好处的服务才能产生良好的效果，否则会适得其反。

消费需求的三种基本形态（一般性、经常性消费需求，特殊性消费需求，奢侈性消费需求）和营销中的三个基本要素（商品、价格、服务），是商店正确定位、搞好经营、满足消费需求的核心内容和主要原则。其中，以消费需求形态为核心的市场经营定位是经营取得成功的基础和前提条件，而把握运用好营销的基本要素是取得成功的必要条件。市场经营定位一旦确定并实施后，其构成的要素条件就会成为不变要素，即商店的选址、规模、经营模式一经确定并建成，短时间内是无法改变的。因此，市场定位必须正确掌握定位的原则和要素，深入、细致地研究确定，不可盲目。营销的基本要素是可变要素，可随着消费需求的变化和商业企业的经营状况而不断调整、变化。

做好定位、搞好营销是商业企业的基本功和经营能力的体现，是商业企业得以健康、可持续、高质量发展的前提和必要条件,是每一个经营者都必须正确认识和掌握的。切实提高商业企业的经营管理水平,关系到企业自身经济效益和社会效益的提高,关系到商业在促进生产、满足消费、推动经济健康快速发展中的作用发挥。因此,应高度重视这个问题,并采取有效措施解决好。

四、对当前市场中出现的一些新变化的思考分析

商业企业要对不断发展变化的市场进行及时的分析判断。随着消费需求的发展和变化,市场经营也要不断地发展变化,以适应消费需求。

(一)市场细分

市场的细分是商业企业适应消费需求变化的一个具体体现。市场细分主要是说,不同的消费群体,在消费需求上具有差异,而且消费群体越分越细,差异就越来越明显,因此要根据这个差异来细分市场,以适应消费需求变化,搞好市场经营定位。这个大方向原则上是正确的,因为市场细分符合消费需求不断发展变化的趋势和要求。但是,市

场细分不能简单化、绝对化，一定要在充分认识和把握消费需求规律的基础上，研究和确定市场细分。任何事物都有其一般性和特殊性，具体情况要具体分析。

例如，一般性、经常性消费需求，无论是在消费者需求上，还是在商品经营上，都具有同一性和兼容性。超市是可以兼容各类消费者的，这就是一般性，这个市场就不能深入地细分。同时，这类消费需求也会存在一些局部差异，但不是普遍的差异，这就是一般中的特殊。因此，超市根据不同地区消费需求存在的一些差异，可以在商品结构上做一些适当的调整。

同一消费群体有基本相同的消费理念，这就是一般性，但由于消费者在收入和消费习惯上存在差异，同一消费群体的消费需求（意愿）也会有差异，这就是特殊性。不同消费群体中有同一性，同一消费群体中有差异性。因此，细分市场要根据地域（商圈）的消费需求构成的实际情况来确定，不能拍脑袋、想当然。

（二）个性化、定制化

随着人们生活水平的提高，一些消费者特别是收入、消费水平比较高的消费者，更需要选择个性化的消费需求和生活方式。个性化是指消费者基于在消费需求上的个体差异，选择适合自身需求、展示个性的商品（服务），主要体现在外在的展示和炫耀性的奢侈品，如服饰、手包、首饰等商品。体现个性化不一定就要定制化，个性不等于定制，定制的成本是比较高的。个性化可以通过两个途径实现：一是市场购买，如有些商品（较高档）生产的批量不大，符合个性化的要求；另一个是定制。

当前，市场上有一种认识，认为人们生活水平提高了，消费需求都突出个性化了，就会更多地选择定制，甚至工厂都要与消费者直接对接，发展个性化的定制生产。这是一种错误的认识。定制一般只能适用于少数商品而不具有普遍性，因此定制化只能在一小部分消费群体和商品中实现。定制的经营模式会根据消费需求的变化不断增加，但私人定制不可能工厂化，因为工厂化一定是标准化、规模化。工厂生产者可以为少数消费者提供定制化的服务，有些商品（如家具）的定制化程度不断提高，但定制不可能大规模地直接面对所有消费者。否则，生产和流通效率会大大降低，经营成本会大大增加，市场商品流通秩序会出现混乱，因为这样做不符合社会化大生产分工的发展要求。实际上，市场上也不会有那么多的消费者需要如此高成本的定制服务。

工作室、前店后厂的私人店铺、小规模的工厂比较适合私人定制的生产模式。这些企业虽然规模小，但却需要具备独特的设计理念、制作技术和经营管理经验，即小（少）而精。这样既可以满足消费者个性化定制的消费需求，又可以在市场上创立个人创作生产的优质品牌。国内外的一些优质品牌、老字号品牌等都经历了这样一个发展过程。

其实，国内生产的一些产品在工艺、质量等方面与世界知名品牌已经相差无几，如女包、手表等，但为什么创不出世界知名品牌呢？原因在于，世界知名品牌既要有一流的生产（制作）技术、商品质量，也需要在商品中渗透历史、文化的传承与积淀。一个能够深入人心的知名品牌的创立，需要消费者在长期的消费过程中对其逐步地了解、信任和认可。而在这个过程中，如何发挥商业在宣传、推广方面的积极作用，是一个值得我们认真思考和研究的问题。

（三）自有品牌

生产商要想创造出一个在市场上声誉良好的名牌产品，需要一个艰难且漫长的过程。一些产品质量比较好，但由于其生产发展历史的原因，消费者对其认识不够，因此知名度并不高，难以成为一个市场上的知名品牌。在这种情况下，生产企业就可以选择与一个经营能力强，知名度、美誉度都比较高的商业企业进行合作销售，利用商家的影响力，增强消费者对产品的了解和信任，扩大产品的影响和销售。这种合作经营的模式，既可以利用商家的影响力扩大产品的销售，又可以使商家经营的商品质量有保障，也能更好地满足消费需求，使生产者、经营者、消费者三方都满意，获得共赢的效果。

在合作过程中，商家与生产商要紧密合作，要经常监督指导生产商的产品质量、品种，沟通市场供求信息，提出生产产品的具体标准、要求，甚至合作设计、开发新产品等，而不是仅仅挂个牌子而已。双方要通过相互合作、相互促进、相互监督，实现互利共赢。如不具备上述条件，而搞所谓的自有品牌，其效果可能是适得其反。

近年来，不少商业企业都在开发经营自有品牌，并取得了一定的效果，应在保证商品质量的前提下积极、稳妥地推进，特别是那些经营规模大，经营实力强，知名度、美誉度高的企业，应该率先推进。

第八章　推进商业高质量发展的对策建议

一、进一步加强对商业发展的重视和支持

要进一步加强商业在连接市场供给与需求中的桥梁和纽带的地位，充分发挥商业在促进生产、保障民生、满足消费方面的作用。要充分发挥商业在促进经济内循环、建立全国统一的大市场中的关键作用。因此，要加快商业体制改革，建立并完善科学的商业经营的新模式、新机制。这是当前加快推进供给侧结构性改革的一项十分紧迫的任务，也是推进商业高质量发展的基础性、关键性的工作，商业要为推动整个国民经济的健康、快速、高质量发展发挥更大的作用，作出更大的贡献。

二、加强对现代商业经济理论的研究推广

加强商业经济理论的研究创新和学科建设。各有关大专院校、科研院所应进一步加强商业经济理论研究和商业经济专业学科建设，特别是要与时俱进，根据我国经济发展和国情的实际，深入研究并把握消费需求和商品流通的内在规律，对近些年来在实践中证明的科学、先进的商业经济理论和实践等，不断进行深入的研究，认真归纳、提炼和总结，尽快组织编写最新版的现代商业经济学。同时，要根据消费需求的不断发展变化，动态地研究、调整和完善相应的商业经济理论。

要将消费需求形态这一消费需求的内在规律作为商业经济的基础性理论进行深入的研究和科学、有效的运用，从而加快建立和完善适应中国国情的、科学的商业经济理论体系，以便科学、有效地指导我国商业加快步入一个科学、可持续的发展轨道，为实现商业高质量发展打下坚实的理论基础。

进一步规范和完善零售业，按不同消费需求形态以及与之相适应的业态形式进行商店的分类。例

如，与一般性、经常性需求相对应的业态形式有超市、便利店、快餐店等。

要进一步完善商业的统计数据体系，调整相关的统计方法，增加按消费需求形态统计社会消费品零售的相关指标，如一般性、经常性消费需求，以及特殊性消费需求、奢侈性消费需求、复合型消费需求在整个消费中各自所占的比重。按消费需求形态统计消费，有利于分析、了解并掌握市场上消费者的整体消费水平、消费结构的现状，以及消费的发展、变化趋势。

三、加快推进商业立法

随着经济和市场的不断发展，对商业立法已迫在眉睫。商业立法应体现的基本原则如下。

1. 明确商业在经济发展中的地位和作用

要明确商业在经济发展中，特别是在促进生产发展、满足消费需求、保障市场供求平衡中发挥的重要作用。

2. 依法经营原则

一是要加快建立和完善与商业、市场相关的法律法规体系；二是对所有市场主体一视同仁。无论是哪一种市场主体，均须严格依法经营，照章纳税。

3. 公平竞争、反对垄断的原则

在同一市场环境条件下，除涉及国家安全及具有公益性的行业（企业）等特殊原因外，所有市场主体之间必须公平竞争。任何企业（个人）不得用任何非法、不正当的手段干扰、破坏公平竞争原则，影响市场的正常秩序。优势企业不得采取非法、不正当的手段排斥弱势企业而导致垄断的发生。

4. 保障消费者基本需求的原则

对消费者日常生活的保障关乎国计民生，关乎市场的稳定、社会的和谐，政府应当通过商业企业的经营并制定相关的特殊政策予以支持和保障。

5. 推进科学化经营管理的原则

商业企业要了解、掌握科学的商业经济理论知识，不断提高经营管理水平，更好地发挥促进生产、满足消费的桥梁和纽带作用。政府有关部门（协会）应发挥引导、统筹的作用，积极推进企业的科学化经营管理。

6. 商业经营的经济效益与社会效益兼顾的原则

商业企业的所有经营活动、经营行为必须兼顾经济效益和社会效益,不得片面地为追求经济效益而损害自然环境、扰乱社会秩序。

7. 保障商业经营者基本权益的原则

商业企业正常的经营活动受法律保护,任何组织和个人不得随意干涉、干扰商业企业的正常经营活动。

8. 保护商业中、小弱势企业的原则

在我国现阶段,中小商业企业数量众多,在解决就业、满足消费需求方面发挥着十分重要的作用。与此同时,由于自身起步发展时的经营条件较差,也存在创新不足、比较优势低、竞争力差等弱点。因此,政府应予以必要的政策扶持。

四、加快农副产品产地的商品流通体制改革

(一)分类发展不同物流模式

从生产环节到消费地的零售环节之间,共有三种商品流通(物流)的基本模式,即以生产商主导

物流各环节的卖方物流，以零售企业主导生产、物流各环节的买方物流，连接卖方与买方之间的中介方主导的第三方物流。在生产日益发展、市场竞争充分的条件下，这三种物流模式都有各自的优势。

实践证明，在一些生产者单体规模较小，商业企业单体规模也都很小的状况下，应大力发展第三方物流（配送）；规模大、实力强的连锁经营的零售企业集团，可与生产者（商）紧密合作，积极发展买方物流。

（二）加快建立并完善农村合作组织（协会），实行产地农副产品流通的合作制度

学习借鉴发达国家的经验，加快建立和完善农村合作组织。合作组织可由农业生产者和专业的商品流通企业（协会）合作组建。该组织不以营利为目的，政府应给予其必要的支持，以使农产品的供应链加快建立和完善，推动农副产品流通的健康、快速、高质量发展。

合作组织的经营管理人员要精练、专业，其职能为：及时、准确地把握消费需求的发展、变化信息，指导农民科学、合理地安排生产；统一组织、协调农副产品流通，使小规模、分散的流通模式向规模化、专业化、市场化的流通模式转变。建议政府部门对农产品的流通制定相关政策予以支持。

履行服务"三农"职责的经济组织，在农村合作组织中可以发挥更大的作用，承担更大的责任，有更大的作为。要根据农村、农业的发展实际，在具备条件的地区加快推进家庭承包土地使用权的流转，逐步实现规模化生产经营，以切实提高劳动生产率，并为建立规模化、高效率、低成本的农产品流通体系创造有利条件。

（三）在农产品产地要加强农副产品集散、储存等基础设施的建设

要进一步加强产地道路交通和农副产品集散、储存等基础设施建设，以切实提高产地农副产品流通的综合能力。要切实提高商品流通的效率：对分散、小规模生产的地区应首先鼓励地产地销；对规模产地，要鼓励其与城市消费地密切合作，发展买方物流或第三方物流，以降低商品流通和储藏成本。要积极发展冷链物流，但应注意结合我国国情和地区发展实际，规模应适度。冷链物流要重点发展冷链运输，尽可能地经营、销售新鲜（非冷冻）食品。冷链存储要科学规划，不能一哄而上，防止存储成本大幅提升、资源被大量占用和碳排放大量增加的问题出现。

（四）加强城乡市场的统筹协调

政府商业主管部门应统筹、协调、监管全国统一的城乡市场，并与农业生产部门加强沟通与协调，建立联动机制，特别是要针对提高农副产品流通效率、降低流通成本，进一步完善对农产品生产和流通的扶持政策和办法。

切实有效地落实好各级政府菜篮子、米袋子工程责任制。针对蔬菜等商品不易储存、保鲜的自然属性，各级政府应根据自身发展实际，注意利用本地资源或在邻近合作区域发展当地人民群众需要的蔬菜、养殖生产，实行地产地销的地（区）域内循环，以减少因大规模、跨区域长途运输导致的运输效率降低、运输成本提高、商品损耗加大、占用运输资源过多等问题。

五、加快建立和完善连锁配送制商品流通模式

物流、配送设施,要从国民经济战略地位的高度考量,并按城市基础设施建设的要求去规划布局、建设和管理。在产地(农村),可根据生产和销售规模的大小,建立物流集散中心,统一组织农产品物流;在消费地(城市),要根据消费需求的状况、城市人口的规模,规划建设第三方物流中心,以支撑、保障城市的消费。同时,应加快建立并完善与产地直接衔接、与零售业态形式(如超市)相适应的供应链体系(买方物流)。

可依托和支持规模较大,拥有物流配送设施,并已实行连锁化经营配送的商业集团企业,使其在做好自身的物流配送以外,挖掘潜力,将配送向市场进行覆盖,也可根据市场上各类商店的分布经营情况,统一规划建设一批配送中心,还可充分利用疏解非城市核心功能中腾退的厂房、库房,将其改造成配送设施。企业系统原有的商品批发、仓储用地和设施,应通过调整,恢复其原有的物流配送功

能。换言之，就是通过共享一批、建设一批、改造一批、恢复一批的措施，将物流配送的经营模式向市场覆盖，加快连锁化的现代物流配送体系的建设和发展。

连锁配送制的经营服务对象应推广至服务、快递等行业。可以资源共享的方式建立快递配送中心，如以邮政系统各分拣中心为龙头，扩充规模，建立配送中心（园）。各快递公司均可进驻，自愿合作、统一管理。配送中心（园）实行统一收货，统一配送。居民小区内统一设置快递货柜（或收货点）。配送中心（园）统一使用电动汽车送货的统一配送方式。这样做将大大提高配送效率，降低配送成本，更重要的是能有效地解决交通秩序、资源浪费、环境污染、劳动力合理配置、使用等一系列社会问题。快递统一配送可实行分别计价，即所有快递件统一送至小区快递收货柜（收货点），如需送货上门到户的，可加收相应费用。

可根据机关、学校、医院（包括药品采购）、企业、饭店的分布状况，建立服务型配送中心，为它们的食堂配送食材。这样既可方便食堂进货，降低食堂饭菜成本，又可解决在食堂原材料采购中存在的"吃回扣"等不正之风。

配送设施建设应纳入城市发展规划，配送设施建设用地和设施改造由政府根据规划统一调剂使用、建设，同时将改造资金纳入城市基础设施投资计划。配送设施的建设和管理不以营利为目的，可由国有企业来组织实施。运营管理以自主经营、自负盈亏、保证正常运营为原则，政府给予相应优惠政策（如减免房租），可采取招标的方式由专业的公司按市场化的方式运作，即采取所有权与经营权分离的方式。民营企业开办配送中心按市场化模式运作，政府部门可制定相关政策予以支持和管理（如税收减免等）。

配送商品的车辆应推广使用清洁能源汽车，并保证其在城市24小时运行。要逐步减少直至取消电动车（摩托车）作为送货工具的使用，特别是在大中城市的城区，以维护良好的市场环境和交通秩序。

发展连锁配送机制要注意规模适度，如果过度扩大配送规模，可能会适得其反。企业总部与零售店铺要密切沟通商品供求信息，防止采购时的主观性。在农村生产地，对农副产品流通实行合作代理制；在城市（包括县镇）消费地，实行商品流通的连锁配送制。这些都是科学、现代的商品流通模式，是促进商品流通升级，建立和完善科学、高效的商品供应链，构建商业发展新格局，推进商业高质量发展的重要内容和举措，应大力推进发展。

六、加快实体零售业的改革与调整

（一）超市的调整和优化

可将大型综合超市内属一般性但不是经常性购买的商品如电器、服装、文化体育、家居用品等分离出去，采用专业店的形式经营，使大型综合超市瘦身。瘦身调整后，一般超市的经营面积在3000平方米左右。在较大的社区重点发展3000平方米左右的综合超市（商圈在2～3公里，服务人口3万～5万人，即一刻钟商圈），以适应消费者就近购买、一次购齐的购买习惯，满足消费者日常生活需要。

在各个社区周边发展50～100平方米的小型生鲜超市，使消费者出门就能购买（3～5分钟商圈），以满足消费者就近、频繁、即时补充的购买需求。对那些距离商业区较远、交通不便的较小社区，也可根据实际情况发展一些几百平方米的小型社区超市。综合超市和小型社区超市都要为消费者提供更多便利，不仅是购物方式的便利，而且要在商品使（食）用上提供便利，如净菜、生鲜半成品、制作方法配料等，以及增加一些日常的便民服务项目，如维修、洗衣等。

大型综合超市转型发展为仓储式会员制超市时，一定要慎重，要认真研究和把握仓储式超市经营模式的特点和经营的适应性，具备经营条件的可以转型，不具备条件的则应向瘦身转型。切忌一哄而上，盲目跟风。

超市可积极探索、发展连锁企业与生产商紧密合作的买方物流模式。从消费需求的规律和超市经营的特点及企业目前的经营状况看，我国目前仍应以发展区域性的连锁经营超市为主，建立相对集中的商势圈，而不宜过多地发展大规模的、分散的跨区域经营，尤其是跨境经营。这符合我国商业企业发展水平的实际，有利于企业竞争和提高经营效益。

在当前的新形势下，国有企业应注重国有资产的保值增值。对目前由于经营不善、不合理而处于空置的商业设施，以及依据有关政策规定应配置商业网点却没有按规定用途使用的，可以采取国有征购或回购的方式，将商业设施购（征）回并重新规划、改造后，进行招商，用于加强超市等关系民生的商业经营。

超市以及与其相适应的供应链体系的建设和完善，是保障人民群众日常生活需要的重要载体和基础设施，是具有一定公益性质的民生工程，关系到社会的和谐稳定，对促进经济健康发展具有十分重大的现实意义和长远的战略意义。因此，应将其纳入城市规划建设之中，并根据居民区的分布和消费需求状况合理布局，扩大增量。现有超市要通过改革调整，提高经营、管理、服务水平。政府应制定相应的政策，加强对超市的规划建设、扶持和管理，使这些民生工程设施不得随意改变其使用性质，并做到低成本运行，从而保证其健康、稳定的经营和发展，更好地满足人民群众的基本生活需要，保证社会的和谐与稳定。

（二）便利店的调整和优化

要在街头、路边、写字楼、医院、学校等地域加快便利店布局，方便消费。要根据不同地区、不同环境和不同消费需求，有针对性地增加或调整商品经营。便利店要注意增加快餐、便利服务项目等。

同时，要加快发展各类快餐店、社区食堂，增加数量，合理布局，以便更好地满足消费。逐步减少外卖，保障食品安全，维护良好的市场秩序，倡导健康、文明的生活方式。

（三）百货店的调整和优化

1. 要加快经营结构的调整

百货店出现空心化后，要及时调整经营结构，改变其单一的购物功能。空心部分要根据消费需求的变化，增加餐饮、服务、文化、健身、娱乐、教育等功能和项目，向多种消费需求形态、多功能的方向（小型购物中心）调整和发展，以满足多元化、时尚化、品质化的多种消费需求。今后，百货店应主要在繁华商业街和大型购物中心内开店，并将其作为核心店。百货店的经营面积一般应控制在1.5万平方米左右,并根据消费需求形态和商品属性的变化而进行调整。例如,近年来,随着科技的快速发展,一些家用电器换代升级,价格也随之提高,从商品属性上已成为奢侈品,仍可以重新进入百货店经营。因此,百货店的经营面积和商品也应随之调整。

2. 加快商品结构的调整

随着人们消费水平的不断提高,消费需求也在不断发生变化。因此,商业企业要充分发挥连接生产与消费的优势与作用,加快商品的更新换代和结构调整。百货店要根据消费需求的变化不断增加有效的商品供给,以便充分地满足消费需求。这样,市场才有生机和活力,对拉动消费、实现消费升级也会产生积极的作用。

近些年来,我国现代制造业快速发展,优质品牌的商品不断上市。特别要注意的是,大多数家用电器的生产已实现了数字化、智能化的升级改造,重新以奢侈品的形象出现在市场上,从而为百货店提供了新的经营机遇。商业企业要充分发挥自身优势，开展多种形式的合作，为这些优质品牌的宣传、推广、销售发挥积极的作用。目前，国内的百货店大多组织规模有限，没有建立起连锁经营的机制，在奢侈品、名优产品的货源组织方面不具备优势，应加快建立和完善相应的供应链。百货行业可以探索组织建立供应链联盟，统一对外商品采购，实现互利共赢。

3. 加快调整卖方物流的经营模式

积极发展买方与第三方物流合作或连锁经营的模式，即增加百货店自营比重，自营与联营相结合，同时注意引进能代理多家品牌的经营商，努力消除卖方物流导致的经营壁垒，实现资源共享，降低成本，提高竞争力和效益。积极探索与高科技企业的合作，提高企业数字化、智能化的管理水平。

国有大型百货店的改制既可探索改变股权结构，实行混改，也可探索所有权与经营权分离的经营管理模式（"租壳卖瓢"）——经营的资产是国有的，还可通过招投标方式选择有实力的国内外企业通过契约的方式来经营管理。这样既可以转换经营机制，增强企业活力，提高经营管理水平和市场竞争力，又有利于国有资产的保值增值。这方面可选择一些百货店加快进行改革试点。

（四）专业店的调整和优化

加快专业店建设，鼓励民营资本进入，可在商业街、购物中心等区域增加各类专业店（如家居、文化、健身、礼品等）布局。

专业店要通过创新，不断提高商品经营的深度和广度，努力增加经营的品类（种），保证商品质量，大力提升服务水平和营销能力，更好地满足消费需求。

（五）购物中心的调整和优化

购物中心的发展要加强规划，并对其经营模式和经营规律进行认真的研究和把握。可在城市（县）区域性商业中心适当增加一些几万平方米的小型购物中心。大型购物中心要做好市场前期调研和经营模式的研究论证，科学选址，先招商后建设，根据消费需求状况准确定位。基本消费需求形态布局要均衡合理，既要适应多元化、品质化的消费需求，又要提升消费者购物（消费）时的体验感、舒适感，使其更好地适应消费需求，健康稳定地发展。

(六)商业街的调整和优化

商业街的调整思路和方式与百货店大同小异。

首先,要向需求多元化、经营多功能方向调整转变,向多种消费需求形态、多种关联经营模式聚合转变。

其次,要切实提升经营的时尚化、品质化水平,树立现代化、新潮流的形象。

近些年来,一些繁华商业街中的大型商业设施发展过剩,经营不景气,可将过剩的部分大型商业设施调整为酒店、写字楼等。这样,既可以丰富商业街的业态形式和功能,又可增加新的消费群体。

历史悠久的传统商业街要更加突出文化、历史、老字号品牌等,充分发挥旅游观光功能,但也要根据市场的变化,不断增加一些现代化的元素。

随着经济社会的发展、消费需求的变化,传统商业街与现代商业街之间的相互借鉴与融合,既是趋势,也是需要进一步研究探索的课题。

(七)加强循环经济的发展

商业既有经营商品的功能,同时又有对废旧物品进行回收再利用的功能,对节约资源、减少环境污染、促进商品的生产和消费具有重要意义。应当加快建设和完善废旧物品回收再利用的市场体系建设，加快发展二手商品市场，探索社区闲置物品交易的跳蚤市场、微信群市场。要将循环经济纳入经济发展的长期规划。

七、加快推进农村地区零售商业的发展

加快推进商业管理体制改革，实现城乡商业发展一体化，建立城乡统一的大市场。政府商业主管部门应对城乡商业市场进行统筹、协调和监管。要根据农村人口居住特点，加快制定农村地区的商业发展规划。农村商业设施建设投资主体可以多元化，政府应制定相应政策予以支持和监管。

在县（镇）区域，可根据地区的人口规模、人口分布情况和居民消费水平，加快推进超市、专业店、便利店等业态形式的合理布局，形成不同规模的商业街。有一定消费规模条件的，可建设区域性的购物中心。积极、规范发展农村集市贸易。

在农村（自然村）则要根据村庄规模的大小，人口的规模、结构，消费水平等实际情况，发展小

型的生活超市等业态形式，可兼顾发展线上经营，以电商为辅助方式，重点经营家电、家居等日用品。村级超市可以兼顾快递收货点等各项服务。村级超市的经营主体可以多元化，服务"三农"的经济组织可以更多地参与。

农村地区的商业经营模式应以县（镇）带村（自然村），实行统一进货、统一配送的连锁化经营方式，同时大力提高组织化、规模化程度。保障农村消费者日常生活需要的超市与城镇地区经营的超市一样，具有一定的公益性质，政府部门应制定相应的政策予以扶持和管理。

八、加快电商政策的调整与完善

进一步制定和完善电商、网络经营平台，以及与之相适应的快递、外卖等行业的法律法规和行业规范，使电商健康、有序地发展。

所有电商（包括社区团购等）必须依法依规注册登记，并依法依规经营。

制定并完善适合电商经营的纳税办法，体现公平竞争原则。良好的市场环境、公平的竞争，对每个企业的生存与发展都至关重要。

在电商行业中，加快推进连锁配送制，实行配送设施共享（利用邮政系统配送设施或现有大型配送设施），以切实提高快递行业的经济效益和社会效益。可先行试点，取得经验、效果后再逐步推开。

进一步规范和完善电商的各项经营、销售数据的统计，坚决杜绝刷单、空包现象，消除恶性竞争，并保证其销售、运营数据的真实、准确和完整。

电商应当发挥自身所长，经营有利于发挥自身优势的行业或商品。从事服务业或服务性的工作，如咨询、家政、维修、出租车，以及各种审核事项等。

与零售相比，电商做境外批发业务较有优势。商品物流可以大进大出，从而提高效率，降低成本。我国许多日用品在国际市场上具有竞争力，可发展跨境电商，在境外设立海外仓，从事批发、零售业务。

九、建立和完善市场信用体系，实行"黑名单"制度

依法加强对各类商业经营主体的监管，特别是

要对商品质量、食品安全、价格管理、市场秩序等关系到人民群众切身利益的问题进行监管。

要切实加大监管力度，提高监管效果，注意运用信息化、智能化技术手段，加强对各类经营主体（实体店、电商及平台）的监管。

可以实行"黑名单"制度，对违法违规经营的企业，只要上一次"黑名单"，就要根据违法违规行为的程度和产生的后果，相应下调该企业的信用等级，直至取消其经营资格。

政府各有关行业主管、监管部门应建立协调联动的监管机制，切实提高监管的效率。

十、关于线上与线下的融合

要在充分认识和把握线上与线下各自运行规律的基础上找出两者之间的有效结合点。不论是线上经营还是线下经营，最根本的问题是要科学地认识、把握消费需求发展变化的规律，以及与之相适应的科学高效的商品流通和经营规律。只有尊重并按照客观规律办事，才能取得成效并实现可持续、高质量发展。这里没有什么捷径可走。

在目前的市场环境下,电商应以丰富市场为主,为消费者提供一些便利,但不宜成为市场经营的主导、主流,这是经济发展、消费需求的规律和人们的基本健康生活方式决定的。

总之,线上与线下是两种不同的消费理念和经营模式,应根据它们各自的经营特点和规律,相互借鉴融合,发挥各自的优势,经营适合自身的商品(服务),形成合理、有效的市场分工,构建以实体店为主体、以电商为辅助,分工合理、竞争有序的市场零售格局。

十一、加快推进商业体制改革

要在充分认识和把握消费需求和商业经营、商品流通规律的基础上,加快推进商业体制的深化改革,建立有助于实现经济高质量发展的商品流通新模式。以直营、加盟、合作等方式加快推进连锁配送制,使商品流通真正步入可持续发展的轨道。

要加快推进商业企业经营机制、经营模式的转变。商业属于竞争性行业,国有商业企业的改制可实行混改、所有权与经营权分离等方式,切实提高商业企业的创新发展能力，增强企业的活力和竞争力。

全面提升商业企业的经营管理水平，使其切实增强科学、可持续发展的能力。要正确地认识和把握消费需求的发展规律，并使商业企业自身的经营模式与之充分适应。

不断增加市场的有效供给，充分满足消费者不断发展变化的消费需求，提高人民群众的生活福祉，才是消费升级的根本所在，才能实现商业高质量发展。

十二、加大政府对企业的帮扶力度和市场监管

政府部门应切实加强市场监管，确保各类市场主体依法经营、公平竞争。必要的宏观调控是中国特色社会主义市场经济必不可少的管理手段。

有关管理部门（协会）应加强对各类商业企业的宣传引导、教育培训，特别是要加强对中小企业的培训。通过宣传、引导、教育、培训，使商业企业依法、科学、规范地经营，实现商业企业的提质增效，切实提高商业企业的现代化经营管理水平。

如前所述，商业在经济发展中有着特殊的地位和作用，对生产、消费都有着重要的促进和拉动作用。因此，商业应率先实现现代化，从而能够更快、更好地促进经济发展的现代化。商业的现代化应当体现在理论指导的现代化（科学性）、经营管理模式的现代化、营销方式的现代化、经营技术工具的现代化。

中国特色社会主义发展的目的就是要不断把人民对美好生活的向往变为现实。经济的发展有其客观规律，商业发展也有其客观规律。因此，在推动商业高质量发展中，应当始终坚持的一项基本原则就是：一切从实际出发，尊重规律，按客观规律办事，坚持实事求是。

全社会要加强宣传、倡导健康文明的消费理念和生活方式。商业经营要取得经济效益，就必须承担社会责任。高质量发展的商业能够引导健康文明的消费。商业要为经济、社会各项事业的发展发挥更大的作用，作出更大的贡献。